belle vue

人 生 風 景 · 全 球 視 野 · 獨 到 觀 點 · 深 度 探 索

belle vue　08

啟動你的創意天賦
好好愛‧快意生活‧享受工作的創造力練習

作　　者　巴尼‧班恩（Barnet Bain）
譯　　者　謝惠雯
主　　編　曹慧
美術設計　三人制創
社　　長　郭重興
發行人兼　曾大福
出版總監
總 編 輯　曹慧
編輯出版　奇光出版
　　　　　E-mail: lumieres@bookrep.com.tw
　　　　　部落格：http://lumieresino.pixnet.net/blog
　　　　　粉絲團：https://www.facebook.com/lumierespublishing
發　　行　遠足文化事業股份有限公司
　　　　　http://www.bookrep.com.tw
　　　　　23141新北市新店區民權路108-4號8樓
　　　　　電　話：(02) 22181417
　　　　　客服專線：0800-221029　傳真：(02) 86671065
　　　　　郵撥帳號：19504465 戶名：遠足文化事業股份有限公司
法律顧問　華洋法律事務所　蘇文生律師
印　　製　成陽印刷股份有限公司
初版一刷　2016年7月
定　　價　320元

國家圖書館出版品預行編目資料

啟動你的創意天賦：好好愛.快意生活.享受工作的創造力練習 / 巴尼.班恩(Barnet Bain) 著；謝雯仔譯. -- 初版. -- 新北市：奇光出版：遠足文化發行, 2016.07
面；　公分

譯自：The book of doing and being : rediscovering creativity in life, love, and work

ISBN 978-986-92761-4-6 (平裝)

1.創造力 2.創意

176.4　　　　　　　　　　　　　　105007728

線上讀者回函

啟動
你的　創意天賦

The Booke of
Doing and Being

巴尼・班恩 Barnet Bain ———— 著

謝惠雯 ———— 譯

Contents

獻給珊蒂（Sandi）

前言

　　我從小在加拿大長大，父親是肉販，母親是家庭主婦。每到晚餐，我們的對話內容常包括父親的店舖、鄰居、朋友，以及我們認識的其他人。有時，對話的主題會轉到葛瑞格身上，他是我們鎮上的婚禮攝影師，也是滿好的畫家，開了間小小的工作室。葛瑞格所到之處都飄散著沖洗照片的化學藥劑和 espresso 咖啡的味道。他那圍領巾、留長髮和一口法國腔的模樣，為自己營造出一種浪漫的神祕氛圍。我爸媽總說他是「自由工作者」，這個稱呼有許多含義。最重要的是，這代表他沒有穩定的收入，也因此沒有安全感。聽到葛瑞格如何無法仰賴這個世界取得金錢、認可或確定的未來，既嚇人又刺激。

　　爸媽養育我的方式跟當個自由工作者的隨心所欲想法根本八竿子打不著，然而我卻成了自由工作者。我創造了一個與我原初起點完全不一樣的藍圖——我創造這個藍圖，部分原因是我踏出了**結構化想像**的界線，而這是我在本書中會教你的東西。此外，雖然我知道未來沒有任何保證，我的職涯、財務狀況、健康、愛情或其他方面都不確定會有好結果，我也沒有回頭的餘地。就算我想回頭，與停錨處相連的繩索也已切斷。我離岸邊太遠了，已沒有安全的港灣可回返。我必須**創造**出安全感，相信在我體驗這世界的種種時，能從自己身上找到這股安全感。大多時候，我都待在風平浪靜的海上，但也有狂風暴雨波濤洶湧的時分。我遭遇過壓力和恐懼時刻，要我回到恍惚中，但我做不到。我只能靠魔法而生，我對創意生活的熱情和承諾則是我的燃料。

當你尋求並探索創造力時，就像進行本書中的練習，會引領你離開原初的藍圖，變得獨特而有個性，為此你可能興奮不已，同時也感到不安。你不再反抗或反應他人設定好的框架，反而要找出怎樣做才會成功，並有意識地打造你想要的人生。

無論你從事什麼職業，你會了解到人生就是份自由工作，諸如薪水、婚姻誓詞，還是健康和福利，你不再把什麼事都視為理所當然。你發現到這些事物你無法置之度外。這些東西無法存放在地窖裡增長利息，也無法保證你有個明確的未來。每個跟你有關的事物都來自當下取之不竭的內在蓄藏。

當你了解到你的整個人生就是一個創作行為，便開始為當中的每個片段負責。負起 100% 的責任能讓每件事清楚明白。你可以看到無論職稱為何，我們每個人其實都是自由工作者，了解到人人都是自己難忘生命故事的作家和導演。

明白這點便會從根本開始改變知覺，這是一種質變。當你與你的過去夠親近，得以創造出專屬於你的原創架構，跟你的指紋一樣只屬於你，這個質變就會發生。從心而活，你人生的每個面向就都是自由工作，由你自己親手設計。你是自由的仲介。**你是自由的。**

當下不是過去的結果

每個行動都是創意行動。無論是關係、生意、劇本、舞碼、藝術形式、事實，我們知道和熱愛的每件事都是創意行動。

我和朋友芭芭拉來到我們經常造訪的餐廳，坐在我們最愛的角落，展

開一場關於創意生活的對話。我們問彼此，什麼是創意生活？這種生活看起來如何？感覺如何？又要怎麼表現？結果我們想出一堆點子，其中很多被我們寫在鋪在桌巾上的大張白紙上，成了記錄我們想法的心智圖。我很感激我們做了這件事，因為之後我回頭參考了這張心智圖許多次，有許多偉大的靈感從中獲得啟發，甚至當靈感浮現，又在那張圖上再添加新的脈絡。

我們對話的中心是我們總是個別或集體開展出的想法。如果我們願意因接下來會發生的事，也就是下個創意衝動、下個令我們興奮的想法、下個感動我們的體驗而感到驚訝的話，那麼我們就是在過創意生活。無論你是全職父母、CEO、音樂家、銷售人員，還是演員、社交媒體管理者或僧侶，對每個人來說，這股動力都是真實的。不可能是假的。

當下不必然是過去的延續。

有創意地重新定義並重新想像我們的人生，芭芭拉和我之前一直不間斷地討論這個不可避免的話題。芭芭拉就是知名的未來主義者和演化潛能的雄辯溝通者芭芭拉‧胡巴德（Barbara Marx Hubbard）。我則是劇作家和電影製片。所以她和我都是說故事的人，懷抱著熱情想要理解開展在我們面前、而我倆在其中扮演重要角色的人類戲劇，並為這部戲劇撰寫編年史。

過去 35 年來，我的職涯都遵循著一個很早就已清晰明白的特定軌跡而行。反映在《美夢成真》、《最貧窮的哈佛女孩》、《聖境預言書》等電影中，我職涯的重點跟創造力有關，特別是創造力與意識的關聯。創造力是一種被你滋養，也必須要滋養的關係，否則人生就會停止去開心、

驚奇。如果你把自己獻給創造力，創造力便會掌握住你，展現驚奇給你看。有好幾年的時間，我在電影背景設定、工作坊，以及全國各地舉辦的活動中講到這個概念。但在我和芭芭拉同坐的那個下午，她說：「人們有美妙的事想分享，但我們大多數人不了解我們是**歷史**舞台上的演員——而每個演員在某個時間點都需要個教練。」

當她在那裡說出這些話時，我知道寫這本書的時機到了。雖然我創作電影的熱情仍在，我在當時理解到我更重要的角色是幫助他人調整他們在這齣戲中的角色，也就是人們在生命更高層次所說的這個故事中扮演的角色。

但是在這齣偉大的戲劇中，沒有人有劇本。我們邊行進邊打造我們的角色。所以為了知道我們想要創造什麼又**為什麼**要創造，我們需要更深入了解自己。

創造力是一種心態

當我們說：「我想要創造某個事物」，我們真正說的是：「我想要改變事情。我想把某件事變得更漂亮……或更安全或更有效率或更永續。」所有創意都起始於想要造成影響的渴望，擁有這種渴望就是一切。這麼看來，有意識的／自覺的創意可能比其他東西都更需要一種特定心態的條件。

用一個小小的電影場景設定比喻就能說明白。

導遊將車子停在環球影城的外景地。三名工人正在敲敲打打、縫縫補補、刷刷塗塗。導遊問：「嘿！你們在幹嘛？」第一名工人說：「你覺得

呢？我正在為牆上漆。」第二名工人說：「我很好。我在討生活。」然後，從頭到腳沾滿油漆的第三名工人抬起頭來，說：「我正在製作暑期檔票房冠軍。」她是那個擁有較大遠景的人，她完全就是個創作者。

我的書桌前掛著作家史東（J. Stone）手繪的一張卡片，上面寫著：「我所知道最引人注目的創作者就是那些以生活為媒介的藝術家。他們不作畫也不雕刻。他們的媒介就是**生活**。他們的存在無論觸碰到什麼都增進了人生。」

使用本書能夠釋放或加強這種潛能，從巨大的蓄水池中汲出正面能量，讓你無論是要完成一項創作計畫還是要進行下一次對話，都可以各種方式來展現。無論你選擇要創作什麼，基本上就都是機會，讓你成為**生氣勃勃的藝術家**。

你真正作品的召喚

我養過一隻很棒的狗多年，牠叫 Siri。我遛牠時，牠總揪著我到處跑，總是全神貫注在那些看不見的小徑上，像是土地上四散的牧草線一般，那象徵就在下一次轉彎，牠會遇到令人愉悅的全新可能。牠用鼻子貼近地面，熱切地追逐這些神祕小徑。當我看著牠，Siri 彷彿就是純粹創造力的表現──當然是完全無意識的；完全靠本能，只用牠的鼻子追隨這股召喚，對於事物宏大的創意進展轉折保持警覺。這隻美麗的小狗用自己四條腿的方式，踏上英雄的旅程。牠並沒有得到保證說那條小徑的終點有些什麼，但牠準備好了要被生命轉化。

當我完全投入創意工作時，當我的鼻子緊貼著小徑，當我完全沉浸在

這個召喚中，我就能感覺到它。而當我失去了與那股衝動的連結，偏離路徑時，我也會感覺得到。

設計這本書的目的就是要幫助你找到並追隨你的小徑。這些路徑通往你身為創作者的最深滿足。你有專屬於你的目的、使命以及召喚。蘇菲派詩人魯米（Rumi）談及他如何找到並辨別你的真正作品，直指人心地說道：

> 這個世上有件事永不可忘。就算你忘了其他所有事，但沒有忘記這件事，那你就沒什麼好擔心的。但若你能夠進行並記住其他每一件事，卻忘了這件事，那麼你此後就只能一事無成了。
>
> 這就像是國王派你到別國去執行特殊任務。結果你去到那，完成了一百件任務，卻未完成那一項特殊任務，那就等於你什麼都沒完成一樣。因此，每個人來到這個世界都懷抱著一個特定任務，這就是他們的目的。如果他們並未執行，這一生等於一無所成。
>
> 這就像是你得到一把寶劍，由無價的印度鋼鐵所製成，而你卻拿寶劍當屠刀來切腐敗的肉……或是像一粒金沙就能購買一百個鍋子，你卻拿堅實的金碗來烹煮蕪菁一樣。又或者拿一把上好的大馬士革匕首來掛個破葫蘆，卻說：「我有好好利用它……決不會浪費這把匕首」。
>
> 摘自《魯米談話集》，談話四原始譯者 A.J. Arberry

當然，你的真正作品並不僅限於你的職稱或工作內容。或許也包括你的職業，但它的起點或終點並非為此。

　　如果你當下並不清楚你的真正作品是什麼，或是你感覺到你的創意衝動信號胡亂攀生，這本書中的原則和練習能夠協助你得到清晰的觀點。而如果你感覺創意受阻，卡在創意高速公路的路肩，這本書將幫助你快速啟動你的創意引擎。

　　你的創意能力比你所知的還要大。就算你已經豐富多產，你還是可以更登峰造極。你會在自己的價值中找到你的真正作品以及對你來說最為重要的事；在你的創意企圖裡，在你的技巧和能力中，當然，還有在你的強項、天賦以及才幹中。當你透過本書了解到創意的種種面向，自然就會建立起表達創意的勇氣和承諾。

點燃創造力的情緒力量

　　怎麼做才能讓你人生的每一部分都變得更有創意？自動追隨創意的召喚？駕馭可探觸全世界的個人創造力？這需要連結上你的熱情、興奮及熱忱。從這種連結中會滋生出貢獻和改變的渴望。

　　這也需要你深入禁地，探索創造力的微妙本質。能量比被創造的事物更強大，無論創造出的是什麼「工藝品」。不論創造的是一家非營利組織、一本詩集、一段友誼，還是新的認知，這些都是我們真正在尋求的那種創作的共鳴——那種頻率，來自我們透過情緒所想、所感、所表達的頻率。從本書的字裡行間，你會學到如何輕鬆調整你的情緒，有創意地隨心所欲轉換頻率，這並不是對外在因素做出反應，而是由內而外有意識地調整。

如何與本書合作

你越有靈感，越能創新，這個世界就越美好。本書不但是實用的支持架構，也提醒著你，無論你想創造的是什麼，你的創意之夢很重要。如果你已經知道這些夢想是什麼，這本書將幫助你實踐夢想。而如果你現在不清楚你的創意之夢為何，你很快就會知道了。

這本書的架構集合了不同的練習，有技巧、方法、儀式和創意工具。除了每一章的練習之外，你也會在某些章節中發現其他練習。每個練習都能擴充你在探索過程中的力量。結合起這些練習能夠組成一個格架，讓你的創意成長開花。無論你喜歡大張空白頁面還是格線式的頁面，我都建議你選出你最愛的那種筆記本類型來進行探索——這就是你的行動（doing）與存在（being）日誌。

從第一章開始，你會發現這些練習的設計目的是衝撞你潛意識和意識間的連結，啟動你的創造力。這些練習輕輕動搖著你慣常的思考、感覺及認知方式，所以能夠產生一些新東西。這很重要，因為我們的意識總是想要把事物組織起來。我們致力追求透過邏輯合理的連結和解釋畫出直線，但是創意來自完全不受任何線條控制的「地方」——而那就是我們要去的地方。

想像一下有兩種人生：我們**被賦予**的人生以及我們**創造**的人生。我們被賦予的人生是父母和照顧者展示給我們看的人生。他們示範了如何去生活、去愛、去與這個世界連結。他們做出區別，界定出實用和實際的東西以及異想天開和夢幻東西之間的界線。我們並不是特別學習成這樣的，而是自動採用它們。

對我父母那代人來說，人生是規畫好的。你找份工作，養家餬口，得到優良勞工表揚金錶，然後退休。今日我們大多數人所遵循的並不是這個線性的軌跡。因不必然跟過去一樣招來果。現今，我們經常發現我們自己處在不可預測的混亂裡，歷經不同的工作、職業、關係，遊移在興奮和不安之間。雖然我們享受能夠隨心所欲重新創造自己的能力，大多數人有時卻渴望父母輩享有的可預測性。

無論如何，我們可以勇敢脫離被賦予的人生，冒險進入自己創造的人生，不囿於由其他人為我們所展示的陳舊慣例。**一個創造出來的人生看起來很不一樣。**那些做這些練習的朋友同事活得長壽又有活力，無論他們的真實年紀為何。比起他們去過哪裡，他們更關注在即將要去的地方，而且這一切跟運氣沒關係，但似乎運氣總是站在他們那一邊。

練習的力量

當你持續使用這些習題，你就建立起創造力練習。練習就像是高速公路旁的護欄，讓你行走在正確的路上。練習讓你保持專注，朝你渴望的目標前進。專注和承諾的練習讓你的創造力能夠堅持下去，不會消融。沒有練習，我們的創意想法、洞見和企圖心就會如風中塵埃一般飄走，到哪也找不到好點子。練習讓我們有牢固的根基，讓我們的點子和企圖心能夠紮根、生長。

花時間培養創造力

每天撥點時間正式練習。每天早上醒來，你會刷牙梳頭，那是慣常做

法。沒有這種慣例，你的牙齒很快就會壞光光。把同樣的勤奮和承諾用在你的創意練習上。找到你自己的計時方式和節奏，但要知道，用尊崇自身健康和整潔的方式來尊崇你的創意是不可或缺的。

你不光是要挪出時間，還得創造時間。除非你創造，時間是不會出現的。無論何時，當我們追求創意目標或帶著這個意圖去努力，在我們的經驗中製造出不同種類的關連時，魔法便發生了。我們透過意圖和存在的力量創造出時間。我們的祖母知道這件事，所以她們說：「如果你想完成某件事，問問忙碌的人。」她們了解，忙碌的人是有熱情的人。「忘了時間」是熱情行動的標誌。時間是隨你需要可慢可快的同盟。

你何時發生過這種事？對於種植鬱金香或是寫你新網站的文案充滿熱情。當你從熱情中抬起頭，你會發現已過了數小時。你已暫時中止了你和時鐘的關係，而生產力就是結果。

你與時間的關係比你所想的更流動，更有動能。你可以有意識地透過源自熱情的意圖和存在，與時鐘發展出新關係。

你的創意工作空間

真正創作者與想成為創作者的人之間的區別是什麼？就是承諾。設置你的創意工作空間，這樣每當你踏進這個空間，就會提醒你你的承諾。簡單的裝飾及講究細節可讓你進入創作的情緒中。可以考慮以下一些方法：

· 播放你愛的音樂。
· 點上蠟燭。

- 擺上鮮花或新鮮植物。
- 斷捨離，整頓你的空間
- 打開窗戶讓新鮮空氣流通。
- 加盞新燈，讓溫暖的光照耀在你的創意工作上。
- 為你的創意空間選擇一個能代表你對創造力承諾的物件，像是對你個人有意義的東西，如石頭、水晶、藝術品，或啟發你創造力的人的照片。

你的創意幫手

把這本書當作你的幫手和資源。你可以從封面開始讀到封底，也可以跳著從任何一頁開始讀，把它當成一個推進器，就像是一本創意《易經》，那是本教人透過直覺的研究調查而變得清明的中國經典。這些內容是我對於創意所知的精華所在，集結成一套無價的創意原則和技巧工具箱。

我不能說是我獨創了這個工作箱的每個工具，但這些工具為我的創意生活增添了許多東西。一路走來，我從許多了不起的老師那兒學到許多東西。當中有些人的名字我在書中有提及，有些則記不得來源，而我都非常感激。

我希望透過使用本書，你能發現自己的創意過程遠不如你所想的那麼神祕，並發現你比自己想的更有生產力，也更有實踐力。

Chapter 1

擺脫制約的自由
Freedom from Conditioning

———◆———

創造力是一種學習過程，
老師和學生都處在同一個體中。

Creativity is a type of learning process where the teacher and pupil
are located in the same individual.

碧翠絲・波特[1]

---

1. 譯註：碧翠絲・波特（Beatrix Potter，1866-1943），英國童書作家與插畫家，代表作有《彼得兔》等。

　　創造力對每個人都很重要，但普遍認為創造力是專屬於詩人、畫家、雕刻家、音樂家，以及其他文化上認定的菁英所擁有的特殊禮物，也認為創意能量有其限定的出口。

　　而我的看法是，**每件事**都是一段創意過程。或許你對創作一齣喜劇、一首交響樂或一部外百老匯戲劇不感興趣，但你大概渴望去營造愛的關係、有活力的健康生活方式，或是一門生意作為你技能和興趣的出口。職業是今日我們文化中一種創意表現的原初形態。雖然你三不五時可能會覺得遇到阻礙，沒有靈感，你還是無法真的停止這股力量的流動。我們每個人都是創作者，也全都無時無刻不在創作。當我們接受這樣的含義，它便改變一切。我們發現**每件事**都很重要。我們的想法、感受、相信、話語、選擇及所作所為，都是我們用來創造和形塑我們人生的工具。

> 「每件事都是一段創意過程。
> 我們全都無時無刻不在創作。」
> *Everything is a process of creativity.*
> *We are all creating all the time.*

成為提出解決方案的人

創造力值得我們注意，出於某些原因，創造力也超越我們的人生。我

們全都感覺自己生活在有如光速般改變的世界。有些日子，我們彷彿置身在一場永無止盡比賽的第三節中，無望地遠遠落後。要迎接這個日新月異世界的挑戰，要有效地處理看似僅有太少解決方案的問題，就要喚醒創造力。我們需要創新的回應和嶄新的技能。從生意場和政治界到我們的私人生活，我們都需要開展我們的想像力，超越過時的練習。

這就需要一場創造力教育。創造力打開我們的雙眼看到新的潛力，給了我們燃料去超越既定的思考、感受和行為方式。當我們發揮創意領導，沒有什麼人和事物會被遺落在後。

幸運的是，我們全都可以成為「集體創作的武器」。這是每個人的天賦人權。有些解決方案會創造出來，而其中有一些可能就來自於你。

首先，重要的是要找出我們是如何把自己塞進這件創意束衣中……還有要怎樣才能脫掉它。

> 「我們全都可以成為『集體創作的武器』。」
> **We can all become "weapons of mass creation."**

創造力的心理學觀點

一個關於創造力的普遍猜想是，創意要在衝突產生時才會浮現。我和宣傳這個概念的人，包括許多我那些娛樂產業的友人和同事，都要為此負點責任。尤其是那些喜劇和喜劇演員總說：「如果沒有我的精神官能

症滋養我，那麼我的創造力恐怕就要枯竭了。」

在建立這個思想結構上，佛洛依德居功厥偉，但這個概念把我們降級成單單只是精神官能症的表達工具而已。在佛洛依德後不久，榮格表示創造力是一種功能二元性的表現：創造力既個人化，也是基礎原型的表現，反映了我們人類的集體經驗。原型是能量的通用形態，超越時空，包含了我們所有愛與勇氣故事中心的原初能量。在大眾的想法裡，像是愛人、英雄、戰士、法官，還有藝術家等特定原型是廣被認可的。榮格的看法確認了藝術家的獨立性，然而也認為他或她也只是服務更強大力量的一種工具。

美國心理學家馬斯洛（Abraham Marslow）則將創造力放在他的需求層次的最上層，位處於蔽護、安全、安全感、愛、歸屬及自尊等需求都滿足之後。在馬斯洛的模型中，創造力出現在自我實現類別中，這是要完全掌握其他需求之後，人類才會了解的一種需求。我了解馬斯洛為何會將為下一餐狩獵放在到營火旁跳舞之前。但是就我的觀點來看，先去跳舞可能會帶來創意靈感，創造出一次成果豐碩的狩獵。**運用你的創意衝動是有理由的**，這樣做能創造出符合你需求的更多流動。舞蹈本身是一種創意及生產行為。唯有透過創意行動我們才能從自己的制約中掙脫。

那著實是要採取的大行動。

> 「唯有透過創意行動我們才能從自己的制約中掙脫。」
> *Only through creative acts can we rise above our conditioning.*

畢卡索曾說過：「創造力，先要做的是破壞。」創造力要先打破我們的制約、我們未經檢驗的信仰，以及那些暴露出我們是如此視為理所當然的假設。

我經常檢視自己看待事物有多麼視為理所當然，有多麼受到自我的制約。我也要請你這麼做。

如果你要把我畫成來自另一象限的外星人，你可能會創造出美妙又奇特的圖像，但可能會帶著些人類的特點，像是《星際大戰》電影酒吧場景的某個角色。超過 99% 的時候，事情就會這樣發生。雖然這沒什麼錯，但為何不畫出一個我們一點也認不出是個生命的東西呢？

結構化想像

我們往往會畫在框線內，是因為我們承襲了這些線條和觀點。我們是自己家族、同儕團體、學校、娛樂潮流以及宗教的產物。我們被電影、電視節目、歌曲、新聞報導、故事和其他人所提供給我們的藝術形式形塑而成──那些悲劇和勝利的表現似乎主宰了我們想像力的可及範圍。有人稱這為**結構化想像**（structured imagining），也就是我們在不知不覺中採用了其他人的想法、感覺、信仰和價值。我們大都不知道自己已承襲了這種既成的世界觀。

如果結構化想像是有意識的創造力主要的障礙，我們要如何創造出超越制約的事物呢？首先，我們需要了解制約的力量。接下來的例子能夠說明這點。

　　現在，無論你坐在哪，舉起你的右腳離地幾公分，然後開始順時針
旋轉它。同時間，舉起你的右手，在空中寫一個數字 6。

　　結果呢？你的右腳改變了方向，是不是？再試一次。這個反轉現
象每次都會發生。

大腦模式——新與舊

　　這個練習暗示了我們思考、感覺和行為的習慣模式已成為我們大腦化
學的一部分。當我們重複啟動同樣的神經通道時，我們強化了目前對於
創意和自己的理解。

　　放在商業場景，這可在形塑一家公司文化的創意架構中看到。雖然企
業以擁有文化自豪，然而往往，並非總是，根植於根深蒂固的長期存在
價值以及面對改變時的方法。

　　這個說法的一個絕佳例子來自二次大戰後的日本。當日本製造商將重
心從軍用物資轉變為民生物資時，關注的不只有改善他們的產品，還有
改善每個組織程序。他們有效地重新形塑了電子用品和汽車製造，成為
引入美國的日式風格製造業的例子。這個被認為是一大品質革命，其核
心訊息是，透過改善品質，公司可以減少開支並增加生產力及市占率。
雖然這種哲學史無前例的，超越過去對於改變的思考及回應模式，但是
這種哲學實則還是對過去操作的改進，而不是一種躍進。這種哲學仍舊
留在我們已知的框架中，而我們已知的只是可能選項的一小部分。

　　舉例來說，跳躍到全新領域的範例可以從由普通郵件轉變為電子郵
件，或是使用金屬模板和 3D 列印來製造之間的差別。這些不僅只是創

意上的進步，不只是過去版本的更佳版。而是破壞式的進步，我們稱為**創新**。

創新是對超越這個地平線以外事物的探索，無論是一個新發明、一家公司、一椿婚姻，還是自我。我們可以被框在結構化想像中，失去了創新，因為結構化想像的模式已連上了我們的迴路，但我們有許多方式來正面改變我們的大腦化學。透過這本書，在你與你的想法、信仰、選擇、決定、態度、感受以及情緒等種種素材合作之下，你將能重新建構你的創意神經網絡。你將經由討論、程序和練習，運用有趣且吸引人的方式來創作或工作。當我們有意識地透過練習建立起新習慣，新的大腦模式會跟著出現，而舊的模式開始萎縮。

專欄作家葛拉威爾（Malcolm Gladwell）在著作《異數：超凡與平凡之間的界線在那裡？》中描述了他所謂的一萬小時規則。葛拉威爾指出，要透過許多練習才能真正掌握一種技能，披頭四在德國的現場表演是累積了四年來超過一萬小時的演奏而來，青少年時期的比爾‧蓋茲在高中使用電腦，花了超過一萬小時學寫程式都是。父母都知道孩子與數位設備間的關係，早已輕鬆花超過一萬小時，超越他們父母的技術。

但比投入一項活動特定時數更重要的是**一致性**。堅定的練習發展出精通。無論是學習綁鞋帶、開飛機，還是在關係中有效溝通，在重複一段時間後，新習慣和新大腦迴路能讓你傑出地完成這些事。你發展出一項新才幹或技能，透過專注在這上面，建立起練習這項技能的習慣。這是所有創意過程背後偉大的祕密之一，也是這本書每個練習背後的主要目的。

打開結構化想像的蓋子──一項自我探索練習

身為創作者的我們越能注意到我們結構化想像的限制，就越有力量和選擇去超越它。這就像是我們無法賣出一棟我們不擁有的房舍一樣，在我們認知到我們受到框架之前，我們也無法擺脫結構化想像。

這個認知是打開你更完整潛能的第一個關鍵要素。注意你的想法和感覺是擴大這種認知的起點。

接下來的自我探索練習，可用於你感覺到思考及感覺的制約模式正在限制你的創意動力或靈感的時候。

步驟 1：想一個你此刻正在進行或計畫在不久將來要進行的創意計畫。

步驟 2：你是否經歷到與這個計畫或目標有關的挑戰或困難想法？這些想法及感受是否阻止了你採取行動或是削弱了你的信心？如果是，簡單地描述它們。

_____

_____

_____

_____

_____

_____

步驟 3： 花 10 到 15 分鐘想想下面的問題，在日記本上寫下你的答案：

　　　・這些想法和感受是承自他人的，還是原生於我呢？

　　　・我忠於那些出自於我本人的想法、感受及信仰嗎？

　　　・當出現了更有價值的東西時，我願意放棄陳舊的看法、感覺

　　　　和態度嗎？

　　這個練習會提醒你要有創意地去回應，不要囿於習慣。這個練習可賦予你力量，理解過去你在面對沒有選擇的情況下，你其實是有選擇的。不久之前，我接到一起參與一項寫作計畫的同事來電。我們當時面對讓整個計畫出軌的挑戰。我的直覺反應是要忽略他的電話，但在想起這項練習後，我理解到我對於這個情況的擔心承自過去。我願意放棄它們嗎？是的，我願意。我拿起話筒，很快地處理了這個情況，造成了一個正面結果。

　　如果你決定要保留某些既定想法，這絕對不是問題。做出這樣的選擇沒有好或不好；只要確保它對你有用即可。此外，當你在接下來的章節更清楚自己的**價值**，你將會更理解步驟 3 所提到的「更有價值的東西」。關於創造力的一個基本事實是，除非我們有清晰的價值，不然不會成為有價值的創作者。持續不斷地關注自己的價值會增加你的創意智慧。

Chapter 2

進入狂野的創意想像世界
Into the Wilds of Creative Imagining

◆

不要尋找因為——在愛裡沒有因為，沒有理由，
也沒有解釋，更沒有解決方法。

Do not seek the because—in love there is no because, no reason,
no explanation, no solution.

阿娜伊絲·寧 [2]，《亨利與瓊》（*Henry and June*）

---

2. 譯註：阿娜伊絲·寧（Anaïs Nin，1903-1977），古巴裔美國作家。作品帶有超現實主義風格，常描寫夢境和潛意識。

　　我在社區一家店排隊等著買咖啡。我旁邊站著一個男人，他的妻子正在買小孩去海邊玩沙用的幾個小桶。他告訴我他們從西雅圖來，剛從聖塔巴巴拉要開車到洛杉磯。他提到上週發生的一起悲劇：一名年輕男子在加州大學聖塔巴巴拉分校附近瘋狂掃射，有 13 人受傷，6 人死亡。

　　我以為他說的是他朋友的孩子是那場攻擊的罹難者之一。

　　「不是，是我的孩子。」他說。

　　「我們要去領取她的骨灰，把骨灰撒進太平洋……我不知道為什麼我要告訴你這些，」他繼續說道：「但說了好過些。」

　　我失神了。我看到我的意識心智想要抓取一個邏輯架構去理解這名悲傷父親剛告訴我的事。但在我的理性心智下，我**感覺**到其他東西。我明白一些事。

　　他的痛苦和我的痛苦相互連結。他愛的能力與我的相連。

　　在我的邏輯及理性之下，我內心深處更真實的部分被牽動了——一種陌生的理解力。

　　這種理解力沒有什麼邏輯可言。

　　我們的創意生活，總是在邏輯心智認為有意義以及超出結構化想像界線更多之間擺盪。

IQ 效應——我們與邏輯理性之間的愛戀關係

　　智力商數，也就是 IQ，是透過我們的認知能力測出人類智力的標準化測驗而得到的數字分數。然而我們知道，智力除了透過固定和分級測驗而測得的口語及數學能力外，還有許多部分。雖然我們經歷了這類測

驗的嚴酷考驗，但並不真的喜歡就約化為幾個數字。

詩人惠特曼寫道：「我浩瀚無邊，我包含眾有。」

我相信他指稱的眾有就是種種理解力——多重能力；各式各樣、豐富多采，有時本質上又自相矛盾的面向。

除了邏輯和理性（傳統智慧偏愛的工具）之外，其他種類的智力還包括情緒的、移情的、音樂的、體育的、直覺的以及社交的。有些智力的形式跟意識的各個面向有關，如：孩童、青少年及成人；高我、未來的自我、神祕的自我；潛意識、無意識，以及集體意識。

我們活在這世上，大都是作為被嚴格定義、限制的「我」，也就是受到下列制約想法所約束的人：

「我就是這樣想的。」

「我通常都是這樣覺得的。」

「我一般都是這樣做的。」

「我一定要成為這樣的人。」

但當我們把自己視為許多智力類別的綜合體時，我們可以開始感覺到可以取得令人驚嘆的創意力量。我們不只是各部位的總和。然而因為我們忠於邏輯和理性，要理解這件事可能很困難。理性心智會在我們的理解和狂野自由的想像力間創造虛假的界線。

從 IQ 到 CQ──你該知道的創造力商數

IQ 是一種我們透過邏輯理性來處理經驗的能力測驗，但其他創意工具則生成於我們的認知能力之外。這些能力包含：感覺、存在和知道，我稱這些為 CQ（Creativity Quotient），也就是創造力商數。這些是我們擁有的天賦及才能，無論我們對它們是否熟悉，它們就是取得更寬廣的想像和感知能力的關鍵。

你的創造力商數流暢、流動，生氣勃勃且不斷改變。CQ 描繪的是你與「事物的第一原則」之間的個人關係，所謂第一原則就是更高意識和精神靈性的原初創造力。

接下來的小測驗將幫助你辨認出你創造力商數的版圖。

你會怎麼做，成為什麼？──創造力商數測驗

思考下列問題，在最符合你回答風格的答案前方框打勾。雖然你可能會覺得兩個答案都很吻合，但請選出最符合直覺的答案。

你得知你可能會得到一筆意外橫財。
☐ A: 你想著它可能或不可能發生的各種理由。
☐ B: 你感覺到財富以驚喜方式出現的神奇。

你在看表演，魔術師正在表演一場嘆為觀止的魔術。
☐ A: 你試著搞懂它的圈套。
☐ B: 你迷失在魔術的魅惑裡。

你在沙漠找到一朵小花。
□ A: 你納悶它是如何在炎熱的豔陽下生存下來。
□ B: 你讚嘆它脆弱的美麗。

你的眼睛被矇起來，然後給你食物嘗味道，給你香味聞。
□ A: 你試著去辨識它們。
□ B: 你用感官體驗它們。

一名友人或家庭成員告訴你他遭遇到的個人危機。
□ A: 你尋找解決他們問題的方法。
□ B: 你帶著同理心專心聆聽。

你正在思索你五年後的未來及你想要去的地方。
□ A: 你寫下目標以及為了達成目標需要採取的行動步驟。
□ B: 你夢想你會與誰在做怎樣的事；你想像你想要如何感受。

你受邀參與一項能讓你發揮創意的專案，這專案需要你利用新工具和新
方法，因而踏出你的舒適圈。
□ A: 你權衡利益得失，思考你若失敗的後果影響。
□ B: 你靜靜地坐著，在採取行動前調適自己的感覺。

晚間新聞報導有個國家發生一起新的暴力事件。

☐ A: 你按下搖控器上的靜音鈕，起身走向冰箱。

☐ B: 你注意到胃部不適，深呼吸來放鬆這股緊張感。

你早上起床發現喉嚨痛，肌肉痠痛，感覺自己好像不曾睡著過。

☐ A: 你回想這幾天遇到的人，試著找出是在哪感染到感冒病毒。

☐ B: 你知道自己工作過度，承受很大壓力，感覺自己需要休息一下。

突然間，你的愛人張開他／她的雙臂，給你溫暖的擁抱。

☐ A: 你猜想他或她想要什麼。

☐ B: 你接受擁抱，感覺你的心軟化了。

算算你的答案：記下 A 和 B 各有幾個。你的答案 B 數量提供了察覺並將這個分數指向創造力商數的清晰圖像。

忽略我們創意智慧的代價

當我們只偏好邏輯和理性，忽略創意智慧時，就會發生悲劇。一方面我們的個人想像力崩解，希望和願景則萎縮。願景是創造可能實現的浩瀚界線所需，而希望是能夠帶領我們到那裡的橋樑。

我們單單仰賴傳統智慧、社會規範及流行文化來理解這個世界。我們捨棄創意想像，加入某種群體思維。我們的夢想萎縮了。我們失去想像成果的信心，把自己的眼光和期待設得越來越低。教條取代了真誠的對

話。把廣播轉到談話性節目，你就知道了。沒有空間容納細微差別或複雜性。權威人士以極端的角度討論議題，沒有人有足夠包容或胸襟去聆聽另一種觀點。最終，我們失去了慈悲、理解及同理心。缺乏想像力是我們今日世界巨大危機的根源。當我們的個人想像力崩解，創意智慧逐漸消失，只徒留我們緊抓著沒有創新和探索空間的職位不放。

> 「發展你的創意智慧，建立你在邏輯和理性以外的才智。」
> *Develop your creative intelligence in order to*
> *build your intelligence beyond logic and reason.*

進入新世界

我們置身十字路口。我們可以透過學習走出標榜專斷絕對、可預測結果價值的過時系統，並保證進入更強大且流動的系統而生存下來，成長茁莊。這就是為何我們要發展創意智慧的核心——為了與超越我們邏輯理性的其他方面智力建立關係。

我們並沒有拋棄邏輯和理性，但會同步超越並涵納它們。我們有了一次大躍進，好比從西洋棋棋盤到 3D 棋盤一樣。

有些公眾人物指出他們的內在生活是創意靈感的重要來源。俄亥俄州眾議員萊恩（Tim Ryan）就說靜坐是他日常例行公事之一。這並沒有邏輯，但他的內在練習幫助他視自己的心智為同盟。演員安潔莉娜·裘莉

也說她在日常事物中經驗到的冥想時刻。2012 年 NBA 決賽，明星球員「小皇帝」詹姆士叫了一次暫停來重新聚焦，將注意力轉移到自己的內在狀態上。

那就是付諸行動的創意智慧。

啟動你的創意想像力

找個你可以安靜坐幾分鐘的地方。舒服地坐好，做幾個緩慢的深呼吸。想一個你現在正在處理的案子，或是你未來希望著手進行的計畫，也許是你的夢想計畫。

閉上雙眼一會兒，讓你的案子能完全進入你的意識。這個練習的第一部分是個機會，讓你能有創意地透過感官與你的案子進行互動。

嗅覺。嗅覺可以激起記憶，包括可能讓你想起在很久以前在意識中種下種子的創意夢想。如果你的案子有一股氣味或香味，你想像那會是什麼樣子？聞起來像是野花？還是新書頁面剛印刷出來的氣味？像來自遠方島嶼的異國香料？或是你伴侶身上隱微的香水或古龍水氣味？

觸覺。如果你能實際觸摸你的計畫，那感覺會是如何？它的質地為何？是滑順的、坑坑疤疤的，還是如絲般光滑？它是層層疊疊的厚實，還是如紙般輕薄？它是溫暖的、清涼的，還是潮濕的？

味覺。如果你可以嘗到你的案子，你會體驗到哪種口味或味道？用你的舌頭嘗嘗看。它是辣的？甜的？還是像檸檬汁一樣一下子就讓你清醒過來？它有一種獨特的口味，還是許多種口味的平衡呢？

聽覺。如果你的專案有聲音，那會是怎樣的聲音？是一段旋律嗎？

是颯颯作響的風聲？拍擊岸邊的海浪聲？交響樂中的漸強？一陣低鳴？這個聲音是巨響還是輕音呢？

第二部分

　　當你邀請先天智力的各個面向來權衡創造計畫時，你就要與潛意識心智合作。當你啟動各想法、感受及意象時，潛意識將再也分不清楚它們是真實還是想像。對潛意識來說，它們全是真的。這是因為只有意識心智附著於邏輯上，成為我們經驗的脈絡。意識心智對現實進行過濾及分類，提供意義和控制感。另一方面，潛意識收集所有事物；它記得你在十歲大時看過的餐廳菜單、八歲時打水漂的那塊石頭的形狀及質地、你看過的每個車牌號碼，而且還按照順序，也就是你曾吸收的每個細節。要像達斯汀霍夫曼在《雨人》扮演的雷蒙一樣一次提取可能會負擔過重；雷蒙在片中罹患了俗稱「學者症候群」的疾病，可以隨時提取潛意識中大量的數據。

　　當你進行這項練習時，要記住你能擁有的最強大創意夥伴關係就是你與你潛意識心智所結盟的關係。身為我們所有創意力量的守門員，你希望與它形成同盟。發展它，探索它，並交付給它全部的意識和意圖。

　　再次閉上你的雙眼，想像你的案子已經完成。從下面列出你的不同面向來思考——每一個都是你創意智慧的獨特表達。它們想要你知道或了解這個計畫什麼呢？什麼又能讓它成功完成呢？讓你自己看到由你的一些「眾有」所提供給你的單字、句子、象徵或圖像。

你的信心自我說：＿＿＿＿＿＿＿＿＿＿＿＿＿＿＿＿＿＿＿＿

你的已完成自我說：＿＿＿＿＿＿＿＿＿＿＿＿＿＿＿＿＿＿＿

你的豐盛自我說：＿＿＿＿＿＿＿＿＿＿＿＿＿＿＿＿＿＿＿＿

你的高我說：＿＿＿＿＿＿＿＿＿＿＿＿＿＿＿＿＿＿＿＿＿＿

你的孩童自我說：＿＿＿＿＿＿＿＿＿＿＿＿＿＿＿＿＿＿＿＿

你的分析自我（你的 IQ 守護者）說：＿＿＿＿＿＿＿＿＿＿

你的感覺自我（你的 EQ 守護者）說：＿＿＿＿＿＿＿＿＿＿

你意識的其他面向說：＿＿＿＿＿＿＿＿＿＿＿＿＿＿＿＿＿＿

　　當你寫下你的答案時，相信你想到的那些影像、色彩、感官、感覺、點子和靈感。

　　使用感官和可造成令人驚訝回報的方式來引起你的想像力。當我為改編自柏內特（Frances Hodgson Burnett）的小說《祕密花園》的電影計畫做準備時，我和導演教練雪克爾（Joan Scheckel）談到要如何建立當中一個角色。瓊安建議我找一段音樂，代表我希望演員演出的個性態度。她的建議讓我的點子如雪片般飛來。為了設定角色的特質，我收集音樂，以及能召喚特定感受的詩歌、照片和藝術作品圖片。我找到能激起特定情緒的天然精油香氣和觸感獨特的織品。我收集了一個藏寶箱，把它帶給那位演員。我並不只是想要討論我對於那個角色的看法。我還想創造一個感官環境，讓那個演員可以在其中與我一起探索這個角色。而這件事一點邏輯也沒有。

　　如果你只用邏輯來執行你的創意計畫，那將會減弱它。千萬別這麼做。

試試看！

智力商數 vs 創造力商數——觀點的練習

步驟 1： 選擇一起已發生的事件，用兩種不同的觀點來描述它——分別從 IQ 和 CQ 的角度來描述。舉例來說，你要怎麼描述 1969 年「阿波羅 11 號」的第一次登月，或是人類第一次登陸火星？

步驟 2： 首先透過邏輯和理性的鏡頭，也就是透過 IQ 來描述這起事件。從制約和結構化思考方式的觀景窗來看，你看到了什麼？在登月或登陸火星的案例中，你可能會看到一起偉大的科學成就。你可能會看到許多男女投入無數小時來進行研究及計畫，才讓這起事件得以發生。

步驟 3： 現在改從 CQ 的角度來描述，用你的創造力商數來看。舉例來說，在其中一起太空登陸的案例中，神父可能會視這為一個奇蹟，藝術家可能會視為能在畫作中處理的題材，透過材質和色彩來捕捉這起事件，而兒童則可能會把它當作遊樂場。

　　讓你自己沉浸在想法及感受的眾多流動中，透過這些流動感知並體驗這個世界。

Chapter 3

基礎創造力：
創造的能量，Part 1
Foundational Creativity:
Energies of Creation, Part I

———————◆———————

身為男人和女人，我們的職責就是繼續前進，
彷彿我們的能力限制並不存在一般。
我們是合作來創造的。

Our duty, as men and women, is to proceed as if limits to our ability did not exist.

We are collaborators in creation.

德日進[3]

---

3. 譯註：德日進（Pierre Teilhard de Chardin，1881-1955），法國哲學家、耶穌會教士、地質學家暨古生物學家。德日進是其漢名，
   曾在中國工作多年，參與發現北京人。

　　你有某個想要的東西，那個東西讓你找到這本書。目標。夢想。願望。你想創造某個東西，你在尋找能夠支持這個願望的工具、技巧和靈感。你可能也想用你個人版本的「要是」來爭取。

　　要是我有很多時間。

　　要是我有靈感而不是疲倦。

　　要是我有堅定的專注力。

　　要是我有對的環境，有個真正的創作空間可以工作。

　　要是我有錢可以資助自己的計畫，或是可以暫離工作崗位幾個月。

　　要是有吉星高照，幫助我朝實現目標邁進。

　　如果你想創造某個東西，卻沒有這麼做，是什麼阻止了你？雖然缺乏專注力和時間對你來說可能是問題，真正的問題幾乎總是來自於誤解了創造的能量，而這正是產生所有**行動**和**存在**的陽性及陰性力量。

區分陽性和陰性特質──從行動到存在

　　無論我們是何性別，都同時具有陽性和陰性能量。陽性能量和陰性能量結合創出一切萬有。「行動」及動作是陽性能量的特徵。這種能量以動態方式向外表達，但也可以更巧妙細緻地行動。舉例來說，尋求理解和尋求意義及重要性，都是陽性原則的精細表達。從鉛筆到摩天大樓再到電影，這種陽性能量**製造**出種種事物。它建造、架構、建立秩序、歸檔。想保護他人、提供安全感的原始驅力是一種陽性特質，而透過滋養培育來保護的動力則是一種陰性特質。

「存在」則是陰性能量的特質。想像和感受的能力，以及**接受想像及**感受的能力，都是陰性的。在與陽性的共舞中，陰性特質包括感知和概念。感知和概念的本質是懷抱所有可能——行動的可能，製造事物的可能，建造、寫出商業提案和書本、建立友誼、創造萬事萬物的可能。陰性能量與陽性能量密切結合，也表現出行動的**能力**、創造的**能力**，以及顯現、建造、帶來秩序的**能力**。這些陰性特質的形態是創造力的原初想望和衝動。

所以如果你有想創造的東西但它並未發生，這種缺乏和掙扎通常象徵創意遇到一大阻礙。而這可能會令你驚訝，真正的創意阻礙是沙文主義。

沙文主義及其對創造力的影響

我說的沙文主義不是對於特定性別優勢或劣勢的信仰，而是指加強了我們結構化想像的系統紊亂，而這結構化想像是我們之前探討過的被制約的創造力。

沙文主義的核心，就是意志和行動凌駕於想像力和感受之上。每當我們給予陽性「行動」特質的評價高於陰性「存在」的特質時，就是沙文主義在作祟。陰性特質是原初的創意能量。所有創造力都始於陰性能量，像是可能的感受、感覺和想像的欲望、為存在帶來些什麼的潛能。陰性能量是在萬事萬物萌生之處創造空間的媒介。如果我們在不知情下，對我們天生的陰性特質心懷競爭、憤怒或敵意，我們就無法懷抱創造的可能。

今日，男男女女都過度認同他們的陽性特質。因此，兩性都困在結構化想像中。**當我們將行動優先於存在之前，當我們有那麼一丁點不包容我們天性中的陰柔面，沙文主義就會出現，把原初的創造力反推回去。**講到創意阻礙。接下來就會出現一連串的逆勢而為。

當陰性和陽性特質受到允許和鼓勵相互結合，就會產生強有力的共同創造力。

透過我們的情緒獲得創造力

情緒是創造力的泉源，反映了我們每個人內在的陰性創造力。我們**透過情緒進入我們的創意生活。**如果我們的情緒之泉很淺，當我們把水桶丟進去，可能會空手而歸，覺得模糊、單調，或是受阻。如果我們面對的是一口深井，丟進水桶就能汲出點子、洞見、直覺或其他創意行動所需的有用寶物。

為了增進你的陰性創造力，就要認出**身體產生的所有感覺**。舉例來說，當身體顫抖，你可以感受到熱情和興奮。你可能會在感覺空洞時，體驗到寂寞或無價值。無論你的感受給你怎樣的訊號，腦部卻從未體驗過它們。

許多年來，那些我所謂的「感受」，真的是很執著的想法；那其實是精神焦慮而非身體感受。那時，我都說我覺得擔憂或恐懼或興奮。更準確點，我專注在擔憂或恐懼或興奮的想法上。我被「困在腦袋裡」，長時間處在那個狀態下，反覆想著過去的事或擔憂未來。

有一次，我的好友生病。他失去一眼視力，我很擔心他的健康，因為

我了解他過去的健康狀況，並想到接下來可能會發生的事。我內心很苦悶，但少有具體的感受。我的心智失去所有單純存在於我想像力的各種可能。我老婆珊蒂很關心我，感覺到我的憂慮，幫著指引我得到寬慰。

她先請我放鬆，問：「你的身體感覺如何？」

起初我什麼感覺也沒有。

「我注意到你幾乎沒有在呼吸。」她說。

她是對的。我的呼吸非常淺。我深呼吸了幾次，當我感覺肺臟和橫隔膜充滿空氣，突然間理解到我大多時候的呼吸都很淺。

「你現在可以感覺到你身體的部位了嗎？」她問道。

我注意到我的胸腔和脖子有點緊，這裡那裡也有些疼痛。再次深呼吸後，我覺得有點想吐，感覺到我胃中的感受與發生在我朋友身上的事有所連結。就在這個時刻有了突破性的進展，我開始發覺我的感受發生在我身上——而這身體是我未多加探索的陌生奇異之地。當我安靜地坐著，感覺到越來越開放及處於當下；活在身體裡卻沒有和身體產生關係，頓時很奇怪。

沙文主義將我們與我們的感受阻隔開來。當我們與我們的身體感官重新連結，便重新適應起我們的陰性一面，我們的感覺感官再次復活。創造力也復活了。我們用自己的方式，重新發現情緒是我們的表達工具，就像鑿子之於雕刻家一般。

> 「情緒是我們的表達工具，就像鑿子之於雕刻家一般。」
> *Emotions are our tools of expression,*
> *as chisels are to sculptor.*

創造力的兩個部分

創造力中有兩種力量：靈感和行動。

靈感就像天上掉下來的禮物——超越我們已經知曉、理解及相信的東西；超越我們目前對自我的感知；超越我們目前想法和感受的表達。靈感是禮物，來自我們目前還不了解的自我種種面向。

與靈感相等的是意志和行動，是我們負責技術、工藝和表現創造力的「行動」部分。意志和行動讓我們完成陶藝作品、建立關係、擬定計畫，也贊助新創產業。在各行各業，意志和行動每天都點亮燈光，打開門。

意志通常透過心智體的思考及認知能力來進行練習。靈感有時可能包括心智歷程，但它總是牽涉到我們身體經驗到的感受。

我們與感受越密切接觸，就越接觸到創造力。

愛欲——當兩者合一

意志和行動的活躍品質，結合上想像、感受及存在的接受特質，便形成創造力的根基。當我們將陰性和陽性能量結合，便召喚了一種原型生殖力，也就是愛欲（Eros）。愛欲為我們的想法和感受注入新生命，喚醒

我們的身體、心智及精神。有了愛欲，我們可能會體驗到靈光一閃或是寧靜喜悅，後者來自收回我們認為已喪失的自我面向。

在尋找形容創意原則如何運作的譬喻時，我的直覺告訴我應該要探索因陀羅網這東西。我並不知道因陀羅網到底是什麼，它跟印度教和佛教有關，某種程度上也相互有關連。我谷歌了一下，發現了一個我期盼的影像：在偉大神祇帝釋天的宮殿上頭有一張燦爛輝煌的網，往每個方向無盡發散。在宮殿裡，網子的每個交接點都綴上一顆閃閃發亮的珍珠。而網子上的無數珍珠上頭，都是另一顆珍珠的倒映，直至無限。

陽性的**行動**能量，包括意志和行動，將整體化約為組成元素。如其天然功能，切割，弄碎，解析。然而，就像因陀羅網所示範的，所有事物都同時是分裂又相互連結的。當我們進入**存在**的狀態，我們記住與無限整體的連結，並進入這個狀態。在直覺的靈光一閃中，也就是在沒有行動的情況下吸入了原初創造力，我們觸及了超越結構化想像限制以外的地方，連結到創意之泉。

行動和存在的交互作用創造一個無需言語，但也可以分享話語的連結和溝通領域。這是一個可觸知的能量場。創造是愛欲的禮物。

試試看！

啟動一項創意計畫

你想創作什麼？一首歌、一本書、一道食譜，還是親密關係中的新行為方式？你想啟動什麼計畫？下面的練習就是為你設計的，如果⋯⋯

你知道自己想創作什麼，但需要靈感和動力重新啟動你的創意引擎。

又或者你現在不知道要創作什麼，但感覺到創意之火正在蠢動，想認出新計畫。

啟動一項創意計畫——練習

放鬆心情

先從放鬆心情和身體開始。讓自己停止思考幾分鐘。我們即將離開結構化想像來趟小旅行。

隨機選擇（我的祕密武器）

接下來，把注意力從此刻你一直在思考及從事的事上移開。你要選擇一項完全隨機的東西，就從你當下所處的環境中立刻選出。這方法很有趣，能夠讓你踏出結構化想像的乾涸之地，讓你的創意之汁開始流動。

下面是一些我尋找訊息和靈感的方式。我鼓勵你盡量照自己所願多嘗試，你也可以設計自己的方式。

隨機翻到辭典或字典的任一頁，找出該頁第 8 個字。你看到什麼？Drainpipe（排水管）？Daffodil（黃水仙）？Filibuster（阻撓議事）？

打開《赫芬頓郵報》（*Huffington Post*）的任一欄，往下數到第 13 張圖片。這張圖是關於什麼？一台跑車？一位電影明星？一隻小貓？

走出你家大門，在街上找出 4 個橘色物件。第 4 件是什麼？一棵果樹？一輛單車？一個螢光橘的交通錐？

打開雜誌，翻到第 10 頁。在右上角的是什麼？一只鑽戒？一片雲？一句口號？

在 Craigslist 上的工作欄位中勾選綜合類。數到第 20 個條目。這項工作提供怎樣的服務？客戶服務？水管疏通？文案寫作？保險規畫？

製造連結——發想新點子

如果你已經選擇好一項創意計畫，思考這個（或這些）隨機選擇要如何應用在你的點子上。尋找你的隨機選擇和你計畫之間的連結。

如果你還沒選好創意計畫，正在釐清想法，看看你的隨機選擇，從中發想新點子和新思維。哪個字、影像或象徵引起躍躍欲試的想法或吸引人的感受？

無論是哪種情況，允許自己對自己的詮釋保有想像力。試試不同的思考模式——像是水平思考、垂直思考及反向思考。試試隱喻和明喻。用幽默態度欣賞他人才智。讓你的想像力盡可能在心裡多引起新鮮的連結及聯想，並往它們引導你的方向前進。

這些點子大多時候看似最牽強也最怪異，或者跟我無關，都可能會提供最強大的創意火苗……也是我一直在等待的火種。

時間的承諾

一旦你找到新計畫或對目前的計畫重獲啟發，接下來的重要步驟就是創造時間——在進度安排中規畫出時間來追求你渴望的目標。時間是我們對創意追求做出承諾的基礎。

把其他時間承諾也納入考慮，對於這項計畫，你的理想進度是什麼？是每天花上 20 分鐘嗎？每週五天每天一小時？每週一整天？要在早上、下午還是晚上進行？考慮各種可能性，然後做出你要遵循的決定。不可違背你的時間承諾。

最好的下一步

你幾乎要到達終點了。你的創意啟動需要另一個決定，就是付諸行動。它可能是外在世界的行動，也可能是內部的東西。或許你需要去收集明確的資源，或去取得諸如信任或信仰等內部資源。你的下一步可能包括打通電話、安排一場會議或是把書桌收拾乾淨。無論你的下一步為何，最重要的是及時完成，最好是在接下來 24 小時內。

再慢慢深呼吸一次，問問自己這個問題：

我下一步該做什麼？

Chapter 4

創造力與身體
Creativity and the Body

———————◆———————

當你到達知曉事物的終點，
也就處在感覺事物的起點。

When you reach the end of what you should know,
you will be at the beginning of what you should sense.

紀伯倫 [4]

———————————————

4. 譯註：紀伯倫（Kahlil Gibran，1883-1931），美國詩人、作家暨藝術家，代表作有《先知》等。

　　你的情緒是你的創意源泉。要擁有創造力活躍的人生，其中一個偉大祕密是要認出發生在你體內的感受，而非腦中的感受。

　　我是在一次峇里島旅行才理解到這點。我和太太珊蒂及一群朋友造訪當地一間寺廟，廟裡有名治療師。珊蒂向來最有冒險精神，第一個坐到治療師身旁。治療師一句話也沒說就開始碰觸她身上不同的敏感壓力點，然後告訴她，她的心智很熱情有活力，但身體並沒那麼有生氣，那麼快樂。他請她微笑。我從遠處看到她開始散發光芒。接著他請她吞下微笑，這樣她的身體才能和她的頭腦一樣快樂。

　　珊蒂「吞下微笑」後，治療師再次觸碰她身體上的壓力點，這些點在療程一開始時非常疼痛。現在這些壓力點一點也不痛了。珊蒂可以感覺到她的心智和身體間產生了一種連結。從那時起，我也開始採用這個微笑練習。

　　發生在身體而非頭腦的不只有我們的感受，創造力也生於身體。換句話說，身體是創造力的居所。

　　想法和感受結合在一起，形成了在體內流動的情緒，以無數方式推動我們去表達存在我們身上的東西。我們說話、唱歌、祈禱、書寫、墊起腳尖旋轉、亂彈、輕拂、猛拉、黏貼、點擊，不然就是清楚地表達我們所經歷的生命脈動。

「身體是創造力的居所。」
The body is the home of our creativity.

汲取創意之泉──大師練習

　　要活出創意生活，身體－情緒－創造力的連結是關鍵要素。我稱這個練習為「汲取創意之泉」，靈感來自馬賽克表演系統（Mosaic Acting System）發明者韋倫（Jeremy Whelan）的作品，我很感謝他。這個練習的設計目的是鬆開結構化想像的框架，激發你的創造力。

　　最重要的是，我希望你用心中的眼、耳、鼻去看、聽並聞，這是你最值得信任的感官。

　　接下來的引導將帶領你進行這十個步驟。

　　設定基調。營造歡迎你的創造力並點燃你情緒的氛圍。可以的話，播放自己喜歡的音樂，點上蠟燭，關掉手機。慢慢地深呼吸，將注意力帶到此刻當下。

　　選擇情緒。從第 65 頁的感覺字彙表選出一個詞，請選你一眼望去躍然紙面的那個詞。這個詞將是這個練習的支點，由此生出你用情緒表達的感覺和想法。

　　因為受到制約，我們會在選擇並決定這個詞時進入我們的腦袋。我們試著「想通事情」。用頭腦來評估、比較及判斷。我們可能直覺地連結到一個詞，接著卻決定下一欄的單字更好。這是邏輯和理性的方式。然而，這次練習是個機會，讓你記住創意情緒是用身體而非頭腦去感受。此處我們感興趣的是身體連結而非心理連結。

　　鎖定第一個出現的感覺，像是第一個挑逗你大腦的味道（炎熱夏天雨水落在柏油上的味道），以及你覺知到的第一個色彩（煎蛋捲的棕色，讓我想起車擋上的鐵鏽）。選出明確的影像。感覺到或看到「小狗」，再

看一次。六週大的可卡小獵犬可能在你的想像中小憩。

　　自信宣示。當你做這個練習，會更完整地與你的情緒連結，發覺情緒的重量、味道、質感、氣味、顏色、聲音和象徵。將這個探索當作一次自信表達創意自我的機會。這麼做的一個有力方式就是做出**宣示聲明**，而非把你的影像化為隱喻。舉例來說，要說「我嫉妒的聲音是一百個氣球碰一聲爆裂的聲音。」而不要說「我嫉妒的聲音**就像**一百個氣球碰一聲爆裂。」我不想知道它**像**什麼；我要知道那**是**什麼。

　　當你這樣發表你看到及感覺到的事物，便增長信心，更誠實也更完整地表達情緒。

　　你也開始取得體內的影像及感官之詩——看似一般的情緒會成為開展魔法的大門。

　　計時 3 分鐘。在你回答這些問題前，要先讀完這個練習的 10 個步驟。接下來就準備選擇你的情緒。一選好，看看時鐘，給自己三分鐘來做這項練習。還可以設定計時器。讓自己能輕鬆從一個步驟流動到下個步驟，享受這個經驗，找到讓你感覺良好的節奏。

汲取創意之泉 —— 工作表

步驟 1：選擇情緒。當你在接下來的感覺字彙表找到你的那個情緒，用身體去感受它。用心感受它，就像我們之前講的。把這張表格清單當作《易經》使用。讓它隨心所欲指引你。讓你的指頭在頁面上遊移。閉上眼睛，然後停止移動。無論你的手指落在哪裡，那就是你的詞彙。這就是你要處理的情緒。**範例：怨恨**

我的情緒是：

_____

_____

步驟 2：定義情緒。 為你的情緒寫下簡短的定義。不必像字典那樣定義。自由發揮。讓它從你的意識流中流出。**範例：怨恨是當我決定自己被惡意對待時會有的侵蝕性感受。**

我情緒的定義是：

_____

_____

_____

步驟 3：情緒的顏色。 想像你情緒的顏色。思考開放些。將在電腦螢幕上看到的色輪和色調視覺化。手機上的顏色區分就超過一百萬種——提醒我們可以在「藍色」、「綠色」或「黃色」之外無限延伸。你也可以用超過一兩個字的名稱來描述這種顏色（例如：「它是我在馬戲團的黃綠色透光大帳篷」）。**範例：我的怨恨是煎蛋捲的棕色。**

我情緒的顏色是：

_____

_____

_____

步驟 4：情緒的重量。感覺你情緒的重量。這個重量可以用磅、盎司或公斤等單位來計量，但也不要限制自己。你的創意想像可能會以出乎意料的方式感覺重量，像是「九艘超大郵輪羽毛重」或「兩個羽絨枕頭重」。範例：我怨恨的重量是 7 台悍馬車。

我情緒的重量是：

_____

_____

步驟 5：情緒的味道。想像你情緒的味道。你的本能及未經審查的「舌頭」可能很會描述。它可能是脆蘋果、乾棉花球或溫雞肉脂肪的味道。範例：我怨恨的味道是防曬乳液。

我情緒的味道是：

_____

_____

步驟 6：情緒的質感和觸感。暗自連結上你情緒的質感和觸感。你情緒的質感可能像手放入一筒熱爆米花中，或像冰涼雪花落在眼睫毛上的觸感。就像下面這個「我怨恨的觸感」例子所示，這個質感也許不符合你的邏輯思維，但還是可以相信它。範例：我怨恨的觸感是讓腿滑進緞面床單。

我情緒的質感是：

_____

_____

_____

步驟 7：情緒的象徵。印記是潛意識作為持續提示的象徵，鼓勵潛意識生出創意結果。這是一種抽象的塗鴉，你親手畫出對你有意義的潦草亂畫。它讓潛意識在你甚至沒意識到它在工作的情況下，持續產出結果。它就像是你電腦裡的 bug⋯⋯只是這是創意之蟲。**範例**：

我情緒的印記是：

步驟 8：情緒的氣味。想像你情緒的氣味。可以是一股芳香、一抹馨香、一種刺鼻味或奇異的混合味。允許這股氣味飄進你的知覺中。它可以是薰衣草花和檸檬的氣味；你祖父的刮鬍霜味和煎餅味……**範例：我怨恨的氣味是剛修剪好的草皮和濺出的機油。**

我情緒的氣味是：

_____

_____

步驟 9：情緒的聲音。用你心中之耳，聆聽這個聲音。這個聲音可能很近、很大、很遠。可能是一個音調或情緒四重奏。是驟雨擊打屋頂的聲音或生病的叔叔在你耳邊呼吸的聲音。**範例：我怨恨的聲音是甘迺迪總統在演說「不要問國家能為你做什麼」。我怨恨的聲音是因為夢想無法實現。**

我情緒的聲音是：

_____

_____

步驟 10：情緒的護身符。功能跟印記很像，是在自然或物質世界找到的一個物件，而你有意識地賦予這個物件意義。它是你情緒的隱喻，連結了你的潛意識。它可以是石頭、狗項圈、金鑰匙、可道出你情緒故事

的物件。**範例：我怨恨的護身符是大象的鼻子。**

　我情緒的護身符是：

_____

_____

_____

注意：如果你想把這些排列組合，這裡有個方法讓你玩玩選出的情緒詞彙：在一兩天內從辭典查出你的單字和同義詞。用這個新字進行這十個步驟。你會很驚訝發現這兩個緊密相關的字詞卻激起你截然不同的創意答案。

　這個強大的練習重新接通你的大腦，幫助你與情緒能力更為親近融洽。幫助你確認情緒，並與情緒建立關係。我鼓勵你經常做這個練習，變成習慣。建議一週做一次。定期做，尤其是當許多事同時發生，你想與情緒中樞保持密切關連。

工具：字彙和意象
感覺字彙表

愛慕的 adored	困惑的 confused	喜歡的 fond
深情的 affectionate	滿足的 contented	疲憊的 frazzled
苦惱的 afflicted	瘋狂的 crazed	友善的 friendly
害怕的 afraid	殘忍的 cruel	挫折的 frustrated
驚人的 amazed	被打敗的 defeated	憤怒的 fuming
憤怒的 angry	高興的 delighted	悲傷的 funereal
驚駭的 appalled	沮喪的 depressed	欣喜的 gleeful
感激的 appreciative	狂亂的 deranged	憂鬱的 gloomy
擔心的 apprehensive	身心交瘁的 devastated	感激的 grateful
覺醒的 aroused	氣餒的 discouraged	有罪的 guilty
羞愧的 ashamed	灰心的 disheartened	快樂的 happy
震驚的 astonished	驚慌的 dismayed	可恨的 hateful
困惑的 baffled	冷靜的 dispassionate	心碎的 heartbroken
被打敗的 beaten	熱切的 eager	好色的 horny
狂暴的 berserk	狂喜的 ecstatic	謙卑的 humble
苦的 bitter	尷尬的 embarrassed	丟臉的 humiliated
無聊的 bored	難受的 embittered	心神不寧的 hung-up
快活的 bouncy	熱心的 enthusiastic	歇斯底里的 hysterical
平靜的 calm	羨慕的 envious	不適當的 inadequate
壞脾氣的 cantankerous	惱怒的 exasperated	無能的 incompetent
有能力的 capable	興高采烈的 exhilarated	冷淡的 indifferent
關心的 concerned	暴露的 exposed	喪失理智的 infatuated
衝突的 conflicted	恐懼的 fearful	不安的 insecure

無足輕重的 insignificant
易怒的 irritable
喧鬧的 jazzed
嫉妒的 jealous
歡樂的 jolly
喜悅的 joyful
歡騰的 jubilant
勃然大怒的 livid
寂寞的 lonely
被愛的 loved
鍾愛的 loving
愉快的 merry
悲慘的 miserable
自戀的 narcissistic
需要的 needed
負面的 negative
緊張的 nervous
麻木的 numb
負擔過重的 overburdened
恐慌的 panicked
熱情的 passionate

調皮愛玩的 playful
驕傲的 proud
挑釁的 provoked
迷惑的 puzzled
好爭論的 quarrelsome
驚慌失措的 rattled
後悔的 regretful
拒絕的 rejected
放鬆的 relaxed
怨恨的 resentful
保留的 reserved
悲傷的 sad
嘲諷的 sarcastic
騷動的 seething
性感的 sexy
羞愧的 shamed
抱歉的 sorry
驚愕的 startled
驚訝的 surprised
含淚的 tearful
柔軟的 tender

驚嚇的 terrified
毛骨悚然 thrilled
驚愕的 thunderstruck
深信不移的 trusting
不確定的 uncertain
不合作的 uncooperative
理解的 understood
無情的 unfeeling
不開心的 unhappy
不被愛的 unloved
不安的 unsettled
焦躁的 uptight
虛榮的 vain
懷恨在心的 vindictive
求才的 wanted
溫暖人心的 warmhearted
厭倦的 weary
值得的 worthy
憧憬的 yearning
熱中的 zealous
熱心的 zestful

檢視你的工作表

一旦你完成了工作表上的 10 個步驟並檢查了你的答案，我建議你大聲讀出你的清單。當你在這麼做，請記住你的情緒和感受是你的身體在體驗，要將注意力放在那。讓頭腦休息一下，注意從身體不同部位發出的感覺、感受及影像。

當你來到描述你印記的部分時，用手指輕輕描繪一遍印記，以此做為融入你身體的方法。

接下來的範例來自參加我創意課程的學員，他們對著整個團體大聲念出自己的清單。

範例 #1

1. 我的情緒是信任。
2. 我的信任的定義是你對另一個人所懷抱的東西。
3. 我的信任的顏色是長春花藍。
4. 我的信任的重量是一條厚重羊毛毯。
5. 我的信任的味道是酸蘋果。
6. 我的信任的質感是粗糙、刮人的洗碗布。
7. 我的信任的印記是一陣漣漪，像是水池中的漣漪。
8. 我的信任的氣味是過熟蘋果的濃烈氣味。
9. 我的信任的聲音是尖銳的高音口哨聲。
10. 我的信任的護身符是一把銅質萬能鑰匙。

範例 #2

1. 我的情緒是迷惑。
2. 我的迷惑的定義是一種包含了困惑的好奇心。它是開放的，樂意去探索隱藏事物。
3. 我的迷惑的色彩是萬花筒，一道流瀉各種顏色的彩虹。
4. 我的迷惑的重量是一個裝滿雛菊的柳條編籃。
5. 我的迷惑的味道是佐水果丁及蜂蜜堅果口味穀片的西班牙蔬菜冷湯。
6. 我的迷惑的質感是鋼絲棉製成的棉球。
7. 我的迷惑的印記是一棵從天上往下長的樹木。
8. 我的迷惑的氣味是一隻濕淋淋的駝鳥。
9. 我的迷惑的聲音是降調的低音號。
10. 我的迷惑的護身符是同樣的萬花筒，炫目多彩。

進一步發展：每當你做這個練習，你可以在那一週回看你的反應。當你再次閱讀它們，感覺這些零碎片斷如何結合在一起。更深刻地感覺它們，寫點日記好進一步釋放這種情緒。

身體之詩

若你沒有一定要創造特定「事物」的待辦事項，只是要經驗身體的創造活力，在這樣的情況下與你的感官連結，會發生神奇的事。當你邀請你的感官真誠地表達它自己時，你通常會為你的感官感到驚訝。把你的單字和描述結合在一起，它們會以純粹的創造力撞擊、旋轉、互動。

　　你越能用這個方式探索邏輯與理性以外的創造力，你將開始看到你是個詩人。你可能也是個記者、平面設計師、三個孩子的母親、信貸人員或放高利貸的人。但你同時也是詩人。

　　每當我們說出事實，指出身體中存在著何物時，我們每個人都因此轉化成濟慈、狄金森或魯米。

試試看！

當個畢卡索 —— 畫出你的解決方案

結構化想像總是把創意變成智力的事，是聚焦在行動的思考旅程。但身體有自己的智力，專注的是存在。當我們畫圖、跳舞、奔跑、做愛時，就將未充分利用的身體智能引入我們的創意過程中。透過回歸到我們的身體，我們取得了對創意的覺知以及超越邏輯理性的具體潛力。

準備：選擇你的美術用品。找出你喜歡的紙張。選擇你愛用的繪圖工具：原子筆、色鉛筆、水彩、蠟筆、馬克筆，或是上述各種的組合。

步驟 1：想一個你面臨的問題，無論大小。不要深陷其中，向前進，看著它，感覺它，感受它。

步驟 2：用你的紙張和繪圖工具，給自己自由，盡情用藝術來宣洩這個問題。當你**抽象地**做繪畫練習，它最有效。這樣一來，你將會迎接毫無限制的資源，那是由你的想像力所帶來的。以下可不按順序進行……

· 畫出你的問題。

· 畫出你的感受。

· 畫出你的願望。

· 畫出你的解答。

步驟 3：向自己承諾將按照自己畫出的解答行動。

Chapter 5

保持平衡的創造力：
評價你的生命之輪
Creativity in Balance:
Assessing Your Life Wheel

———————◆———————

生命不在於發現自我。
生命在於創造自我。

Life isn't about finding Yourself. Life is about creating yourself.

蕭伯納[5]

5. 譯註：蕭伯納（George Bernard Shaw，1856-1950），愛爾蘭劇作家，曾獲諾貝爾文學獎。代表作有《窈窕淑女》等。

　　創意生活受一種目的感所驅使。對我們最重要的事則引導出行動和存在。我朋友辛希亞・克西（Cynthia Kersey）是這句話的絕佳範例，她創立的「無法阻止基金會」（Unstoppable Foundation）是高瞻遠矚的非營利機構，為發展中國家的兒童帶來教育和權力。我擔任基金會的顧問，主要幫助闡明並強化這個品牌，建立能幫基金會強有力溝通其使命的訊息。我應用本書中相同的技巧來幫助他們創造品牌。我是電影工作者，自然傾向找出那些在深層跟我們述說的故事，也因而得知非洲小女孩蘇珊的故事。

　　基金會在肯亞的馬賽馬拉（Maasai Mara）建造了一所女子高中，蘇珊是入學預選名單上的第 41 名。問題是，這間學校只招收 40 名學生。當蘇珊得知她無法被錄取的消息時，她做了一件任何一名無法阻止女孩都會做的事——她與其他 40 名女孩一起出現在學校，然後直接走進教務處。她的夢想是成為醫生，為她居住的偏遠村莊的鄰居治療。

　　校長說：「蘇珊，我很抱歉，但我們只能招 40 名女孩。」蘇珊哭著離開辦公室。當其他學生看到她哭泣，她們聚在一起討論她們能做些什麼。她們知道，若沒有接受教育，蘇珊的未來一片慘澹。幾分鐘之後，這群女孩衝到校長面前。

　　「請別讓她離開。我們會為她騰出空間。我們會把床併在一起睡。我們會分享我們的課本、鉛筆和書桌。拜託讓她留下來吧！」校長被這些學生的慈悲所感動，便改變心意，蘇珊成了第 41 名學生。她的勇敢行動和脆弱最終向外激起連漪，擴及到世上的其他人。

　　蘇珊的故事比任何 logo 或標語更能訴說無法阻止基金會帶來的可能和

奇蹟。它也成為基金會絕佳的品牌故事，對我也是強有力的經驗，將我從創意完成的感覺提升到創意的成就感。

所有創意行為都是出自想要改變的渴望。我們可以在事物的表面進行改變，重新安排家具的擺設，或是建造一棟嶄新的房子。創意完成指的是一種最終結果：我拍了一部電影。我織了毛衣。我烤了蛋糕。我建立這個事業。但創意成就則超越這個範疇，影響其他人。透過與辛西亞合作，我個人的創造力成為了一種「世界創造力」。我能對其他也改變我的人造成影響。

價值——你的個人明燈

如同辛西亞的工作所揭示的，創作者受到想以某種方式改進世界的渴望所驅使。無論我們是在會議室、廚房角落的電腦上，或是以我們在乎所愛的人的方式進行，這股渴望都傳達了我們的價值。

在本章中，你的注意力將專注在創意生活中需要保持平衡的七個面向。你將檢驗什麼對你有意義，什麼從內在引導你。每個面向都很重要，對你整個人生的影響也很重要。當我們在這些面向裡理出線頭，所有面向都會有所回應。當你評估這七個面向目前的狀況，你可以因你已有所成的面向而高興，並承認你可能受限或不滿意的面向。

透過餵養、關照、從事這些對你很重要的價值，你便擺脫制約。明白你在哪裡失去平衡，會幫助你用有利的方式來採取行動。

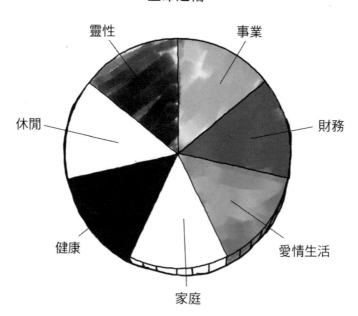

生命之輪

　　生命之輪是你的價值地圖，這個工具幫助你辨認出你的事業、財務、愛情生活、家庭、健康、休閒和靈性中的優先事項、目標、願望、夢想和遠景。生命之輪也是一張藏寶圖，可引領你找到等待被發現的創意能力。上面這個生命之輪顯示均勻平衡的七個面向。

裁剪生命之輪

我們都過著由價值所形塑的人生。因為我們的價值和優先順序會在人

生的不同時期改變，我們有時可能需要去調整生命之輪。你可以修改各部分來反映你獨特的生命。比方，如果你是全職家長、未受雇或退休人士，你可以考慮將「職業」一欄改成「創意表達」、「創意工作」或其他類似的名稱。在你成年人生的任一階段，職業領域必須與你人生目的的表現有關——然而對現今許多人來說，工作和事業是創意表現的主要管道。工作是我們最偉大的藝術形式之一，也是我們探索許多生命課程的背景。

你也可以裁剪「愛情生活」來配合你的個人情況。你可能在尋找一對一的關係，也可能不是；又或者你很開心保持單身，珍惜你與親密友人間的愛情。在這個部分，「愛情生活」指的是你最親密的關係。要問你自己的提示問題是，「我與誰分享最深的親密、溫柔、脆弱及信任？」

重新與你的整個人生連結

當你檢視你的生命之輪，仔細衡量每個面向，覺察你的注意力分配給每個面向的比重，這反映了你對每一面向的價值判定。過去，我們僥倖能夠區隔我們的價值，分心於不平衡的面向。現在我們較不能這麼做。我們再也不能「那麼僥倖地成功」區隔。一個面向的價值不足終究會在某個地方呈現，總有一天會造成全面性的影響。好消息是，照顧任何一個需要關照的面向都能餵養整個生命之輪的創意能量。

矛盾的是，要照顧你整個人生的最佳方法是從單一需要關照的面向開始。當你改善一件事，每件事都會跟著改變。

完成下列步驟來評估你的生命之輪。我建議先從最簡單的幾個面向開

始處理。當你創造出一些正面動力，那些較具挑戰性的面向很快就會變得更容易些。

你的生命之輪——進行盤點

步驟 1： 從 1 到 10 為這七個面向評分。從 1 到 10 中選出一個數字來代表各面向的完成度和滿意度。1 分代表非常不滿或非常不平衡，10 分代表非常滿意、完成度很高，兩者之間的分數代表你可能會經驗到的不同程度的限制或流動。舉例來說，你可以信任你的直覺告訴你的，你的財務面向是 4 分（或許存款減少了，收入也暫時變少），7 分（你有持續的財務流入及流出，基本上覺得財務是安全的），或是其他你覺得準確的數字。

事業：＿＿＿＿＿＿＿＿＿

財務：＿＿＿＿＿＿＿＿＿

愛情生活：＿＿＿＿＿＿＿

家庭：＿＿＿＿＿＿＿＿＿

健康：＿＿＿＿＿＿＿＿＿

休閒：＿＿＿＿＿＿＿＿＿

靈性：＿＿＿＿＿＿＿＿＿

步驟 2： 價值。在你人生的每個面向中，你最重視什麼？你重視什麼經驗和活動？你重視存在和行動的什麼品質？你重視什麼資源和機會？你重視哪些人……

事業：

_____

_____

範例：成就的感覺；做出貢獻帶來的滿足和喜悦；成為共同目標團隊的
一份子；有使用溝通、領導天賦及技術能力的機會，等等。

財務：

_____

_____

範例：照顧家庭的能力；財務狀況提供的安全感和穩定感；擁有去旅行
的財力；擁有進一步接受教育及訓練的資源；擁有資助我關心的組織或
事業的能力，等等。

愛情生活：

_____

_____

範例：我與伴侶分享的情緒親密深度；我付出和接受的愛及溫柔；相伴
30 年後持續燃燒的熱情，等等。

家庭：

_____

_____

_____

範例：我與子女分享的連結；歸屬感是我生命的基石；我們在假期中分享的冒險；我們在家庭聚會分享的趣事和笑聲；知道我是被愛的，等等。

健康：

_____

_____

_____

範例：擁有追求夢想的能量及活力；能夠跑馬拉松；攝取健康的食物；取得最先進的研究和健康資訊；接受身體療程；每週上兩次我最愛的運動課程；對身體療癒和再生能力感到感激，等等。

休閒：

_____

_____

_____

範例：坐在陽台上曬太陽；無論我發生什麼事都記得要呼吸；晚餐後與我的夥伴一起去散步減壓；每天與自己相處 30 分鐘，等等。

靈性：

_____

_____

範例：參加靜坐冥想；與家人一起上教堂；閱讀富啟發的書籍；坐在我最愛的樹下，感覺自己與大自然相連結；在日記上寫下生命中感謝的所有事物，等等。

步驟 3：願望和目標。你對這七個面向的願望是什麼？你想要創造、改變、展現、治療或轉化什麼？另一個了解你願望的方式是檢視你想達成的可衡量目標。

事業：

_____

_____

範例：一年內升到管理職；18 個月內離開現在的工作，自己創業；與我的團隊建立更強的連結；完成我的碩士學位；得到我的教師證；寫本電子書；升級我的網站，等等。

財務：

_____

_____

範例：一年內讓收入加倍；聘用新會計師；為環遊世界基金開個特別儲
蓄帳戶；為我的計畫設計群眾募資活動，等等。

愛情生活：

_____

_____

範例：與另一半每週約會一次；參加伴侶諮商；報名線上約會服務；治
療不願打開心扉的羞恥感；原諒自己和那些傷害過我的人；儘管我已經
20 年沒跳過舞了，還是和伴侶一起去跳舞，等等。

家庭：

_____

_____

範例：每週挪出時間不使用手機、電腦及其他數位設備；減少看電視的
時間，這樣才有更多時間來談話和交流；定期打電話給父母；組織一場
家族聚會；練習對手足更敞開心胸，更表露我的脆弱面，等等。

健康：

_____

_____

範例：晚上十點以前上床睡覺；注意飲食；對自己好一點；請個運動教練；在未來六個月內減重十磅；處理還未釋懷的離婚憤怒，等等。

休閒：

_____

_____

範例：每週六早上去上太極課；重新開始每月一次的針灸療程；實驗看看在每天通勤時捨新聞廣播改聽古典樂頻道，注意這對我有什麼影響，等等。

靈性：

_____

_____

範例：每天早上起床前，花十分鐘視覺化充滿愛與交流的一天；報名下週要舉行的教會活動；每個月去海灘兩次消磨時間，在那裡從每次的浪花中感受上帝的存在，等等。

步驟 4：最少阻力的面向。你生活中的哪個面向是你渴望、準備好也願意去立即行動的？你的生命之輪中哪個區域是你期望去處理的？記住，當我們經歷任一面向的正面結果，會變得更容易去面對困難的面向。

　　最容易處理的面向是：＿＿＿＿＿＿＿＿＿＿＿＿＿＿＿＿＿＿

　　第一個要採取的建立動能的行動是：

＿＿＿＿＿＿＿＿＿＿＿＿＿＿＿＿＿＿＿＿＿＿＿＿＿＿＿＿＿＿

＿＿＿＿＿＿＿＿＿＿＿＿＿＿＿＿＿＿＿＿＿＿＿＿＿＿＿＿＿＿

步驟 5：最需要注意的面向。你忽略人生中的特定面向，感覺到因為這種忽略而帶來的影響嗎？你會說自己是工作狂嗎？對金錢、地位或權勢的不安降低你的生活品質了嗎？你承擔壓力，還是你對工作表現或親密關係的擔憂衝擊了你的日常生活？你的人生有哪部分感覺特別停滯不前，或正在經歷嚴重的危機？你可以參考自己的評分來幫助你決定。你評最低分的面向是？關鍵是要誠實進行。

　　最需要改進的面向：＿＿＿＿＿＿＿＿＿＿＿＿＿＿＿＿＿＿

　　核心議題或挑戰：

＿＿＿＿＿＿＿＿＿＿＿＿＿＿＿＿＿＿＿＿＿＿＿＿＿＿＿＿＿＿

＿＿＿＿＿＿＿＿＿＿＿＿＿＿＿＿＿＿＿＿＿＿＿＿＿＿＿＿＿＿

做出承諾：邁向平衡的方式

當你探索這些面向並檢視你給每個面向打的分數時，要考量到其中一個面向如何影響其他面向。舉例來說，如果你給事業打 3 分，而休閒得 5 分，你首先可能會先注意到休閒——想給生活增加更多樂趣、娛樂和閒暇時光，把分數提高到 7 或 8 分。而休閒和樂趣的增加可能會為如何處理事業面臨的挑戰提供新的觀點。你一開始可能會覺得生意或工作的問題太過困難，但在享受健行、看電影、按摩、花時間與愛人相處等樂趣幾天或幾週後，你的看法可能會非常不同。

問問你自己一個好問題：「在這個時刻，什麼對我來說才會更容易做出承諾，並為承諾付諸行動？」你最可能貫徹到底的是什麼？是多花些注意力，每週多花些品質時間與家人共度？或是悉心照料你的主要關係呢？或許你最可能承諾每天到社區散步來改善你的健康和體態。

相信你生命中與內在連結的本質。看看你的指尖，每隻都獨一無二，與其他手指不同。但當你把視線下移，從指尖移到雙手手掌，你會看到它們全都相連在一起。同樣地，當你給予生命之輪的其中一部分更多關注，你可能面臨更大挑戰的面向突然開始得益於創意能量的增加。這可能會在你覺知的吃水線之下，然而較困難的面向會變得更簡單，更能接納改變。

凱瑟琳的例子

參加工作坊的凱瑟琳表示，她最想增加創意的面向是她的愛情生活。她覺得這個面向停滯不前多年，對她來說創造一段關係既嚇人又是不可

能的任務。我請凱瑟琳檢視她生命中其他挑戰及目標並沒有那麼嚇人的面向，並找出她能夠更為關照這些較簡單面向或情況的方法，請她相信這樣一來，她將有更多創意能量來創造一段浪漫關係。以這個方式來處理她的生命之輪後，她覺得鬆了一口氣，表示這樣做釋放了她的創造力，讓她張開雙眼見到之前一直迴避她的可能性和解決辦法。

看到新的可能

接下來的願景練習將幫助你為最需要你關照的面向注入新生命。

願景練習

第一部：發展覺知

步驟 1：寫下兩到三段表達出你對這個最需要關注或你經歷到挑戰或危機的這個面向的感受。也寫下你在這個面向想創造什麼的感受。注意你是否覺得憤怒、麻木、無助、恐懼或其他情緒。此外，描述隨之而來的身體感受。當你專注在這個面向時，你覺得身體緊、熱或是痛嗎？而你的心理狀態又如何呢？你的心理覺得散亂、騷動或空虛嗎？

步驟 2：當你開始透過書寫察覺到內在發生了什麼事，明白你所辨認出的感受（像是無助、挫折或希望）是來自於你的各個面向——我們在第一章開始檢視的各種智力。舉例來說，你的創作者智力想創造新事物，有一種智力把你生命中這個部分過去的所有經驗都保留。符合過去的內在智力可能會感受到痛苦、不安、懷疑，或記住這個面向的失望。換句

話說，記下你的感受以及這個感受源自何處的連結。愛你發現自我的種種面向。

第二部：運用你的感官

步驟 3：在這個步驟，你會透過感官喚醒願景。這是一個機會，讓你密切並溫柔地利用觸覺、味覺、嗅覺、聽覺和視覺等感官，得到渴望的結果。這個練習針對你想要創造的東西，找出它在你的想像力中保持的清晰感受——一種感覺得到的感受。

一開始先**練習**你的內在感受，透過想像力靈活運用觸覺、味覺、嗅覺、聽覺和視覺。想像你在撫摸一隻毛絨絨小狗的頭，想像把手伸進冰桶的感受，或想像手指被夾進前門門把的感受。

接著想像如果觸碰到你渴望結果的感受。觸碰到你伴侶的手是什麼感受，把手放進夢想假期的溫暖沙地有何種感受，手中拿著工作賺來的支票有何感受，或是採取新的健身計畫，大腿上長出結實肌肉又有什麼感受？

用同樣的方式練習你想像中的味覺、嗅覺、聽覺和視覺感官？透過接下來這個書寫活動來創造你想要的東西前，先打開你的內在感官才能應用它。

觸覺：碰觸到你渴望的成果有什麼感覺？

_____

_____

味覺：你渴望的成果是什麼味道？

_____

_____

嗅覺：你渴望的結果是什麼香味或氣味？

_____

_____

聽覺：你渴望的結果是什麼聲音？

_____

_____

視覺：你渴望的結果看起來像什麼？

_____

_____

　　透過你在這裡做的練習來評價你的生命之輪，你已經用超越目前的模式來回應創意的召喚了。把強烈感受、觀看和感覺生命的想望都當成修

練。透過你的意圖和關注，你引導出你的潛意識自我，就在你想要那股能量在哪及如何表達的地方。

　　創造改變需要專注及承諾。當你持續這個過程，就會出現正面的改變。其中有些改變可能很快就被看到，有些則以更細緻隱微的方式發生。當你繼續閱讀本書其他章節，注意每個主題如何與你的生命之輪產生關聯。你可以隨時回到這個單元來重新評估你的價值和目標，並以創意方式微調你的人生。

試試看！

讓我看到你的價值

你的創意工具

收集一疊雜誌，準備一把剪刀、日記或一張白紙和筆。

設定

給自己 5-10 分鐘做這項練習。倒杯咖啡或茶，拉把椅子坐下。緩慢地深呼吸幾次，讓自己專注，然後開始。

用圖片表達你的價值

隨機選一張代表你潛在價值的圖片。把那張圖片剪下來，然後貼上標籤——認出它所象徵的價值。好比，有人可能會找林肯總統的圖片，然後標上「尊嚴」。尊嚴這個品質就是被認出的價值。

你的價值的故事

寫下你選擇的價值的故事。這個故事可以用簡短一句或滿滿一頁來表達。重要的是，要盡可能對自己真誠。

選擇圖片時，要相信你的雙眼雙手指引你的方向。我們的創意衝勁總是在與我們溝通，這個練習訓練我們在不過度思考或預知的情況下去聆

聽。當我行動，並因為我學到的東西而改變時，我與創造力的關係就更進一步發展了。

　　吸引我們的象徵總是推動我們去發揮、成長及回應。有一次我剪下一張庭院大蝸牛的圖片。我決定把它當作我緩慢輕鬆處理事情重要性的象徵。當我寫下關於這隻緩慢從容蝸牛的事，我理解到我有多常動作慢到因此失去事業、關係及人生其他重要面向的重大機會。這是一個要我改變的提醒。

　　依照你的需求重複這項練習。

Chapter 6

最美妙的事
The Most Amazing Thing

————◆————

追隨你的福佑，
宇宙會為你在只有牆壁處打開大門。

Follow your bliss and the universe will open doors
for you where there were only walls.

喬瑟夫・坎伯[6]

---

6. 譯註：喬瑟夫・坎伯（Joseph Campbell，1904-1987），美國作家暨神話學者。

讓我們回頭看看你到目前為止所做的事。你開始探索你與生俱來的、奠基於先天的感覺、了解及存在的創意智力。你探索了創造力的根基，意志和行動產生想像和感受。你與你的身體重新連結，而想法和感受釋放出創意能量。你盤點了你的職業、財務、愛情生活、家庭、健康、休閒和靈性，打開知覺之鏡，評估了你目前的願望、需求和價值。

現在該是把焦點縮限到雷射般精準的時候了。

最美妙的事

我想要你花些時間思考你在流動中的時光。這不是正規練習，而是白日夢時刻。

做幾個緩慢深長的深呼吸，回想你感覺受啟發、開放、與自己及周遭的人連結的時刻。那可能是你戀愛時、看著孩子時、在夕陽下小酌或擊出完美高爾夫球的時刻。又或者是你把耶誕禮物放在耶誕樹下或對一群同事簡報時，是你知道你對別人或某個比你偉大事物做出貢獻時。

當你想起這段回憶，想像它正在進行，就像現在正發生一樣。這段體驗的品質如何？那個經驗的感覺又如何？無論你覺得那個品質或經驗如何，把它當成必要的營養素。一種天然資源。一種神奇力量。這種必要的品質或感受就是我所說的**最美妙的事**。最美妙的事是啟動你的一個開關。就像個人的 GPS，在你往真正讓你活著的事物移動或偏離時，它會發出訊號來告訴你。它有一種能創造出創意能量和熱情的頻率。當你知道你的最美妙的事是什麼，可以選擇根據這個了解來行動。你可以決定你的能量要流往何處。任何一項創意計畫，無論是藝術作品、生意冒

險、健康改造或親密關係，都可以成為最美妙的事。讓自己切合這種品質或感受，就是讓你保持創意產出並加以導引的方法。

當你用生命表達你最美妙的事，你就與目前所知的想法以外的創意能量同在了。

怎麼會這樣呢？

無論我們做了多少計畫，列了多少清單，事實是創造力並不生自頭腦。它甚至不來自於這個世界。而是以一股或一波靈感的方式發出，被我們收到的禮物。它是愛的故事——是融合想像力、感受及存在的意志和行動。

要與創造力成為親密夥伴，暫時放下你的筆、油漆刷或 iPad，打開你的心靈和心智去接受這些禮物，帶到這世上，化為你的最佳能力。

> 「創造力是愛的故事——
> 是融合想像力、感受及存在的意志和行動。」
> *Creativity is a love story-will and action merging with*
> *imagination, feeling, and being.*

不接受替代品

我們通常狂熱地追逐最美妙的事的替代品。我們以為我們追求的是工作、新帳戶、房子、伴侶或金錢。但是只有這些事物從不是最美妙的

事。我們真正想要的東西藏在那些外在表現之下。

在渴望金錢下可能是渴求安全感、權力、自由或愛。金錢總是某件更深入事物的替代品。

人們透過追求替代品所追尋的確切品質或感受是獨特且個人化的。

當我發現自己渴望某事物，像是人、物件或事情，我試著記得去問：「真正吸引我的是什麼？在我渴求事物的表面下感受到的體驗是什麼？」

當我不去檢視表面下我真正的需求和願望時，其他工作事項便接管。我會被帶到錯誤的方向，將能量專注在競爭、操縱、說服或企圖控制上。我並不是唯一會這樣的人。這讓我們與成為創意表達工具的無窮樂趣有了隔閡。

另一方面，了解最美妙的事會成為移除過去挑戰和阻礙的催化劑。或許你不想工作，你寫作遇到瓶頸，或是陷入自我懷疑。與最美妙的事連結再次敲開這扇通往靈感和流動之門。

探索最美妙的事 —— 練習

事件或經驗

想出給予你和創意自我最直接連結的一起事件、一個情況或一則經驗。何者將你放入創意流動中？

一個段落

將那起事件或經驗帶到當下，問問自己：「這是關於什麼？為什麼對我那麼重要？為什麼我會如此感動？我從中得到什麼啟發？跟我有關

的存在感受或品質又是什麼？」記住，重點不是那個計畫、目標或那件事。而是那件事背後的品質或感受。

把你的想法發展成一個段落。

_____

_____

_____

_____

_____

_____

_____

_____

_____

一個句子

把段落濃縮成一個可描述這種必要品質、感受或狀態的句子。

_____

_____

一個字／詞——最美妙的事

　　更深入一點。濃縮這種對你珍貴無比品質或感受的字詞是什麼？是和平、寧靜、喜悅？還是熱情、勇氣、有希望？要知道這會是一種定性經驗，要往第一件事以外的方向去找。如果你想到家庭或關係這類的詞，那背後的感受為何？是寬慰嗎？歸屬感嗎？被愛嗎？如果你想到的是尊重，尊重給你的感受是什麼呢？是信心嗎？再深入一點。是價值感嗎？為你的字詞探究內心深處時，相信你的直覺。相信你的內在知覺。

終極練習——與最美妙的事之間的愛戀關係

　　你辨認出的最美妙的事不必是最終結果。你大可以盡情練習，我鼓勵你這麼做。享受探索的過程。每當你做這練習，你就是在正面的自我對話。你在重新訓練自己。你在選擇你的重心，掌握創意之道。你可以隨時問自己：

　　我專注在最美妙的事，還是專注在替代品上？
　　我選擇我的注意力和能量放在哪，還是任由它們四處飄散？

　　常常練習思考並感受最美妙的事。在車上練習，在電梯練習，在等電腦開機時練習。這將成為你的第二天性。

我整天都在練習。沒錯，我仍有許多負面的自我對談浮現，但我越來越常調整到最美妙的事上。

這樣做並無對錯。創作者決定要將能量集中在哪，把注意力放在哪。能量會跟隨注意力，所以要練習，練習，再練習。

> 「能量會跟隨注意力，所以要練習，練習，再練習。」
> *Energy follows attention, so practice, practice, practice.*

我曾與一名企業執行長合作，我叫她艾倫。艾倫的工作表現優異，但已陷入應付例行公事的窠臼。她很沮喪，因為她覺得創意受阻，無法落實，只能從外在的成功指標得到最低限度的滿足。我們一起專注在她想尋找的感覺，那個她渴望的東西。艾倫明白她渴望的是自由行動的經驗；一種無拘無束的歡喜自由。這種自由是她最美妙的事，成為明燈，照亮她的路，回到真實本質。感受和想像力層疊在結構化思考之下，是我們真實的自我，艾倫毅然轉往真我的道路。現在她是認清自我本質的行家，注意到各種點燃她自由感官的最細微體驗。她覺知到生命中的流動，工作對她不再是苦差事。現在她為那些跟她過去有類似感受的女性開設工作坊，她們想重新探索在母親、妻子及職業婦女等角色以外的熱情。

最近，相識多年的片場經理打電話給我。他最美妙的事是迎接新機會

的感受。他做了一次有冥想的靈修，正要開始退休後的新事業，擔任教練支持那些想要打破制約角色的男男女女。

　　這兩位都發覺到最美妙的事並不只是一種想法。也不是一件事。而是身體的體驗。雖然你有時可能會忽略這些活力之門，美妙的是，它們就是能再造你的人生。

Chapter 7

四種麻醉劑
The Four Anesthetics

———◆———

當事情不可靠，沒有一件事運作順利時，
我們可能會意識到自己正處在某件事的邊緣。

When things are shaky and nothing is working,
we might realize that we are on the verge of something.

佩瑪・丘卓[7]

7. 譯註：佩瑪・丘卓（Pema Chödrön，1936-），美國藏傳佛教修行者，是丘揚・創巴仁波切的弟子、經正式任命的比丘尼。

現在，你可能正在尋找你劇本的下一行對話，在進行一項設計，製作你下週向同事簡報要用的投影片。你可能在尋找有創意的新方法來與你家的青少年溝通，這方法將修復連結你們的感受。

當你想到工作，是否覺得清新有靈感？又或者感到模糊不清，有志難伸？

人人都會發生創意撞牆。無論這僵局有多令人受挫心寒，其實是得到更多自我了解及自由的機會。

我們會撞上路障，其中一個基本原因是因為我們用盡現有大腦模式的創意可能。受限於我們的創意制約，也就是我們採用他人的想法、感受、信仰和價值的結構化想像，會在面對各種專案和計畫時，繼續援引同樣的心智地圖。即便我們可能會受到創新的召喚，還是覺得自己被卡住——每次都思考同樣的想法，感受同樣的感覺，一事無成。

你的想法和感受有創造出你想要的結果嗎？那些反映你想法感受和自我對話的內在對話，是增進還是阻礙了創意流動？你跟自己說些什麼？是鼓勵自己，還是告訴自己限制和挫折的故事？

> 「看似是創意僵局，
> 其實是得到更多自我了解及自由的機會。」
> *What can seem like a creative impasse is an opportunity for*
> *greater self-understanding and freedom.*

內在對話的影響

我朋友林春宜大師，春森氣功創辦人暨發明人，曾表演一個戲劇化的練習給我看，展現思考和感受如何對我們的身、心、靈產生影響。

手指增長遊戲

步驟 1： 找出你手掌底部與手腕相接處的橫紋。我們在那裡大都有兩三條明顯的線。將雙手的這兩三條線對齊或對準貼在一起。然後雙手合十。

步驟 2： 比較你手指的長度。許多人一隻手的手指比另一隻手的稍長。

步驟 3： 舉起那隻手指較短的手，手指較長的那隻手朝下，輕輕擺在你的下腹。輕輕伸展舉著的那隻手，臉上帶著微笑，輕輕閉上雙眼。

步驟 4： 當雙手維持這個姿勢時，在心中重複想著：「我的手指越變越長，越來越長。它們越來越長，越來越長。」

懷抱完全的信心，對自己重複幾秒鐘，知道你舉的那隻手手指正在變長。

步驟 5： 打開雙眼，再次以同樣方式，手掌手腕交界處橫紋對齊，雙手相貼，比較你的手指長度。

結果你較短的手指變長了，對不對？是不是很瘋狂？！

步驟 6：把手指變回正常。張開雙手，然後跟自己說：「我的手指變回正常長度。」你只需要說一次。再次從手腕處對齊手掌，現在再次比較手指的長度。回到原來的長度了，對吧？

這個小實驗示範了你該怎樣控制自己。記著這個強大的體驗，想像一下負面的自我對話對你的創意生活有何影響？你的想法、知覺和感受是否支持新的成長和可能？

要創新或創造新東西，就得摧毀一些舊的。你必須拆除引發負面想法和感受的重複情緒習慣，這樣才能想出並察覺到新發明。

四種麻醉劑

就像鹿看到車前燈一樣，我們也會在苦惱或遭受打擊時變得無法動彈。有些想法和感受混在一起，會成為特別強大的麻醉劑。這就是我們轉而追求的替代感受，好麻木我們害怕的正面和負面，更強大的情緒。我們很早就學習如何使用這些麻木劑，幫助我們處理負荷不了的感受。

我年紀還小時，有一晚父母出門，我開始擔心他們永遠不會回來。那種被拋棄、獨自一人或留給陌生人的恐懼是一種我還不懂如何去處理的情緒。所以我想像其他情節，我能處理的東西。我創作以下這個故事：

「要是我表現得好一點。」

「要是我乖一點。」

「要是我更乖一點。」

「我應該會不一樣。」

這是「應該、可以、會」困境。這些對孩子來說都是困難的情緒，但是我能處理的情緒。它們就像所有麻醉劑，麻木了我，讓我無法感覺到更強烈的絕望、驚慌和恐懼被拋棄等情緒。

我現在成年，能夠處理我小時候盤算著避免的所有感受。我可以，但我並不一定如此。默許這些麻醉劑仍是簡單的解脫方法。但是用麻醉劑來麻木自己的代價是犧牲自己原生的創意能量。

這是賠本買賣。

下面這四種情緒麻醉劑特別會關閉創造力：

· 自我憐憫
· 責備
· 罪惡感
· 控制

這四種狀態會削弱流動，總是如此。

這四種麻醉劑就像選擇、想法和信仰一樣，都是與生俱來存在大腦中的，但透過練習及承諾，你可以辨認並擺脫它們。如果你只能從這本書學到一件事，那就是意識到這四種麻醉劑。

了解這點，你就會在創意和情緒上成長茁壯。

認出麻醉劑——練習

步驟 1—渴望：察覺到你想創造的東西，或是你已經擁有卻想維持的東西。也許你渴望一段關係，或者你想維持已擁有的這段愛情關係。你想

有令人滿足的工作、健康或穩定的財務嗎？什麼是你此刻最強烈的渴望？

步驟 2—恐懼：覺知可能與創造或維持渴望有關的恐懼。舉例來說，可能是沒有好到去吸引或創造你想要事物的恐懼。或者是失去心愛的人或財務穩定的恐懼。我們越珍視某件事，就越害怕可能會失去它。你恐懼失去工作、名聲、健康或愛情嗎？想像那個威脅，寫下你的恐懼訴說的故事。

步驟 3—想法與感受之路：閉上雙眼，先做三次緩慢深呼吸放鬆一下。想像自己走在一條朝向你恐懼結果的道路上。慢慢走，刻意去感受當你靠近恐懼時心中升起的想法與感覺。你不需特別辨識出每一種感受。腳踏實地一步步前行，注意每個將你引到危險路肩的干擾。將注意力帶回

到你所恐懼的結果，然後回到路上。

　　利用下面幾個問題，來辨認出這四種麻醉劑對於麻木你恐懼情節的強大情緒有那哪些。

　　自我憐憫與我恐懼的結果有關嗎？我想像正面結果的能力被我是生命這面向受害者的信仰阻礙了嗎？

　　對自己感到抱歉的感受是否凌駕於我的渴望之上？如果是，你已辨認出一種麻醉劑。

　　我因為不值得、不足或恐懼而責怪自己或別人嗎？我責備過去或目前的情況造成我為何不能擁有我想要的東西，或為何我認為我會失去擁有的東西？如果是這樣，辨認出是麻醉劑。

　　我的恐懼遮蓋了我對過去或現在經驗所擁有的罪惡感？如果如此，真實的感受就如同創意能量一樣被藏在底下了。

　　當我查看我的恐懼之下，發現了控制一個情況、一段關係或一個人的衝動嗎？我在尋求一個肯定的結果嗎？如果是，麻醉劑無疑。

步驟 4—辨認並承認：繼續走在朝向你恐懼結果的道路上。你的任務是辨認並承認在那裡的是什麼——是真實還是麻醉劑？保持注意，繼續前進。

步驟 5—真實的情緒：選擇去體驗你的真實情緒，放掉那些麻醉劑。認

真地感受你真實的情緒；它們會改變、消散。當你繼續往恐懼的結果移動時，只感受你真實的情緒，你會開始經歷到深藏其下的創意在強有力感受及流動。

　　以意識流的方式，描述你真實情緒的感受以及它們在你體內經歷的方式。

　　麻醉劑是心智發明來麻木我們的，讓我們無法感受過去造成我們不舒服的真實情緒。諷刺的是，麻醉劑幾乎總是比它們麻木的情緒讓人更疼痛。真實情緒與麻醉劑不同，總是會在感受後消散。跟那些可能很難應付，卻也討人歡心的晚宴賓客一樣，真實情緒最終會離去。而當中就躺著創意突破。感受你的真實情緒，這樣總是能讓你敞開心胸迎接新事物。

意圖與注意力的創意力量

「如果你建造它，他們就會出現。」

電影《夢幻成真》（Field of Dreams）的一句台詞，給了我們創意過程最有力的真正聲明。它承認意圖與注意力結合並堅持到底，是所有創意活動的關鍵，無論我們討論的是創造特定藝術作品或是創作本身如何運作，都適用。

我們的能量跟隨我們的注意力，向來如此。

我們學習掌控注意力，它就比較不可能會被情緒麻醉劑和慣性想法模式所綁架。當我們練習留意我們的注意力走向何方，就可以更輕鬆地看見潛藏在我們行動下的意圖，因此變得更能為我們所做的選擇負責。

> 「我們的能量跟隨我們的注意力，向來如此。」
> *Energy follows our attention, always.*

乍看，我們在這裡探索的能量生態系統看起來如下：

- · 意圖
- · 注意力
- · 能量
- · 責任
- · 選擇
- · 堅持到底

　　當我們有意識地運用這些生態系統，就能利用龐大的創意力量。我從懷特・偉伯（Wyatt Webb）那裡上了一堂速成課。我們第一次見面時，懷特讓我覺得他是真正的牛仔，大地之鹽般的漢子，頭髮斑白，帶頂滿是塵埃的大帽子。他充滿智慧的指導將我從曾是我麻醉劑的某種情緒模式中喚醒。

　　懷特與馬匹一起工作，有天一大早，他準備了一匹馬等著我。他給了我清楚的指示：「你要把馬蹄上那些髒東西清乾淨，巴尼。當你跨上馬背，你要牢牢抓住牠，就在馬蹄上方的肌腱處，這樣牠就會抬起腳來。」

　　我彎下身抓住那隻馬的馬蹄，但我無法移動它。馬蹄就像被種在水泥裡一樣。它哪都不去。然後我開始撫摸馬兒。

　　懷特說：「你總是獎勵失敗嗎？」

　　我想了一秒。感覺有點不舒服。

　　懷特再深入探問：「你在那裡做什麼？」

　　「唔，我在試著與這匹馬交朋友。我試著跟牠熟起來。」

　　懷特非常有耐心地說：「這隻動物不會回應你的操縱。牠只回應能量。當你帶著特定能量接近牠時，牠會有所回應。但如果你懷抱其他意圖而來，像是『我要控制你來喜歡我，這樣你才會抬起你的腳來。』算了吧。**當你明確地帶著一種意圖而來，牠會立刻回應。**」

　　那令我大為震驚。

　　「你多常放任自己這樣行事？」懷特繼續說道：「你在哪些領域還會這麼惶恐？你有多想控制人生？」

　　突然間，我了解到連結、互動、**創造**的能力都受到我的慣性內在力

量，也就是嘗試去操縱事物所影響。如果我和這匹馬交朋友，牠就會喜歡我，就會適應我。我理解到我的人生有多常這麼做。我很清楚地明白，就在那裡，我知道我可以放下它。放下我別有用心的動機。而我也這麼做了。

　　懷特叫我再試一次。我走向馬兒，心中唯一的意圖是讓牠舉起腳來，而就在我碰到牠的那瞬間，牠便抬起腳。這是很神奇的「展示和說明」時刻。自然世界並不會回應控制性的操縱。當我帶著清晰的意圖靠近馬兒時，牠就抬起了牠的腿。

　　我們每放掉一些麻醉行為，就更讓我們敞開心胸迎接更多創意流動。

發展創意可塑性

　　人生每個階段，大腦會透過新的神經連結和突觸來自我重新組裝，這個能力稱為神經可塑性（neuroplasticity）。直到不久前，科學家還相信我們出生時帶著一組不會改變的生物藍圖，主宰了我們終會因為疾病、毒性、創傷、壓力和老化喪失機能。然而新的研究顯示，神經可塑性會讓大腦細胞修補疾病和傷害，創造新路，幫助我們治癒或回復機能。

　　同樣地，本書的原則和活動設計目的是要引發我所謂的創意可塑性，一種可以無數方式任你使用的想像延展性，從發想新點子到解決困難和長期問題上都有幫助。要創造自我增強的神經模式，意圖和注意力是這種流動的關鍵。這也是練習意圖和注意力的專注表達如此重要的原因。它建立新的神經模式來歡迎並增進創意流動。

　　接下來四個練習中，我們會實驗這點。

透過放鬆幫大腦重新接線

當我們放鬆時，我們更能擁有那些巨大的「啊」創意突破時刻，靈光一閃，原本似乎無法解決的問題，解決方法反倒自然顯現。放鬆讓我們能向內行進，與那些在我們心理受到干擾或經歷壓力時可能辨認不出的事物連結起來。當我們處在放鬆又平靜的情況下，就會出現 Alpha 腦波。這個大腦活動的頻率較緩慢，每秒有 8 至 12 次循環，與感受性的狀態相互關連。Alpha 腦波有清醒休息的特色，提供一座橋樑，將意識和潛意識連結起來，為創造力鋪路。行走在大自然，聆聽放鬆的音樂或靜坐都是能促進大腦這種放鬆反應的方式，加強能力在專注、集中、學習、視覺化及想像上。

接下來的呼吸練習將讓你快速接觸到你的 alpha 腦波，促進放鬆。它是為大腦神經模式重新接線的簡單方式，你可以用這個練習來展開你的一天，也可用在創意任務的開端。當你覺得受到打擊或不知所措時，會發現這個練習特別有效。

意念呼吸法

設好計時器，這樣你才不會一直想著時間過去多久，或是一直看時鐘。

一開始的兩三分鐘，先以最舒服的姿勢坐在椅子上，閉上雙眼，用鼻子呼吸。

所有注意力帶到鼻孔呼氣和吸氣的體驗上。

如果你因某個念頭開始分心或神遊太虛，輕輕地帶回注意力，關注在

鼻子的呼氣和吸氣上。

當你準備好，回到中心，然後慢慢睜開雙眼。

除了意念呼吸，下面是幾個我最愛的方式，一起搭配來促進 alpha 腦波的活動：

- · 離開你的書桌或離開辦公室。
- · 小睡一下。
- · 做個白日夢。
- · 沖個長長溫暖的澡。
- · 坐在水邊，如河邊、溪邊、湖邊、池塘邊或海邊。
- · 到大自然散步。

中斷想法和感受的慣性模式

你控制身體、情緒和心態超過自己的理解。你可以在幾秒內運用意識呼吸（conscious breathing）和想像的力量去改變你的存在狀態——釋放壓力，重新與自己及周遭的世界連結。

你可隨時隨地做接下來的練習，像是創造更開放、更能接受的意圖，擺脫負面情緒，準備簡報或會議，準備你和伴侶的約會，重新校正你的感官進入生產工作階段等，都很理想。只要你想進入你完整存在的時刻，都可以使用它。

停止你的現實功能

做三次深呼吸，放鬆下來。

想像**每件事**都慢下來了。想像你讓腦波慢下來。讓血流慢下來。讓心跳慢下來。讓整個世界都慢下來。

現在，想像每件事都暫停。你的腦波。你的血流。你的心跳。你的呼吸。每件事都緩緩地靜止了。

休息在一片靜止中。

大約一分鐘後，慢慢回到你的正常速度及節奏。

精神回復後，就可以準備幹活……更放鬆、更開放、更有創意地做。

重新安排日常生活

採不同順序做日常事務，有意識地混合事物，重新接上並點燃創意流動。試著用不同方式做日常活動：

- ·睡在床的不同邊。
- ·用馬克杯取代玻璃杯來喝水。
- ·用筷子取代叉子。
- ·換條路上雜貨店。
- ·找條新路線開車或走路上班。
- ·換個房間摺衣服。
- ·用新方法問候他人。
- ·用新方法接電話。
- ·重新安排書桌擺設。

透過重新安排日常生活，你主動去創造新觀點。創造力不是說來就來。你得與它相遇，邀請它來。問問自己：「我要如何更有創造力地處理一般事務？」從中享受樂趣。我就看過有個女人從底部開始剝香蕉！

解決尖銳或長期問題

你人生有什麼挑戰要你注意的嗎？試想一個讓你煩惱的社交狀況。同事跟你說太多話，讓你無法完成工作，鄰居抱怨你家小狗一直吠叫，或者孩子在你們一起做功課時抓狂。一旦你想好這個問題，就準備做下個練習。

意識流解決法

做好準備：這個創意練習是個機會，引導你的注意力在解決問題上，而不受完美主義、他人批評、自我批判或有限想法及感受而分心。這也是個機會讓你暫停批判解決方法的品質。

設好 3 分鐘的時間。做幾次深呼吸。

步驟 1：在頁面上方用幾個字寫下造成困難的情境。

步驟 2：針對你想到的這個問題，盡量寫下各種解決辦法。書寫時不要批評這些解決法的品質。（這個不批評的練習是創意生活的主要資產。）

步驟 3：當你覺得完成，檢視你的清單。當中有什麼吃驚的嗎？就像淘

金一樣，篩出無法與你有強烈共鳴的點子，只留住寶石——這方法會令你興奮。

步驟 4：進一步篩選，選擇那個最閃亮的點子。如果其中有什麼行動步驟跟你的解決辦法有關，寫下詳盡做法——清楚寫下何時、哪裡及如何完成。

每日練習的禮物

要到達並進入新方向，需進行能喚醒正面潛能的活動和儀式。練習，因為你陳舊的線性、邏輯處理方式雖然很珍貴，但**不夠**珍貴，也**不夠**廣泛。做激起想像力的練習，激發你內心深處的想法和感受。挑戰自己，踩下大腦陳舊模式的離合器，轉向前往全新方向。激起前所未有的連結。

透過練習，你開始打造出全新地圖，帶你遠離結構化想像的軌道。

要看更大更快的結果，就要承諾每天都會練習。你會驚喜看到成果。從愛情生活、工作、財務到健康及其他等，你會產生新的神經網絡，豐富並擴展你的世界。

Chapter 8

阻礙的面貌
The Faces of Obstruction

———————◆———————

大自然熱愛勇氣。你做出承諾，
大自然會回應那承諾，移除不可能的阻礙。

Nature loves courage. You make the commitment and nature
will respond to that commitment by removing impossible obstacles.

泰倫斯・麥肯納 [8]

8. 譯註：泰倫斯・麥肯納（Terence McKenna，1946-2000），美國作家暨神祕主義者。

中文裡，危機與機會都共用「機」這個字。這是象徵性的提示，當我們發現自己陷入黑暗，經歷一段困難時期或感覺迷失，要去尋找燈的開關。有時我們發現自己「迷失」得很有創意──充滿自我懷疑，缺乏靈感，停滯不前。然而，當我們想創造新事物時遭遇阻礙，這給了我們機會去探索更多自己的事。我們撞上的創意之牆給了我們機會去探索覺知表面下有什麼在運作。

公開潛台詞

好好踩踏心智地圖和前面提及的情緒麻醉劑的關鍵，就是大多時候在運作的內在腳本。在我們日復一日的生活故事線中，那就是所謂的潛台詞。潛台詞設定了特定的情緒和方向，掌握各種元素，產生回應生命和生活的種種策略，諸如歷史、信仰和形塑我們結構化想像的制約。雖然潛台詞總是包含我們的意圖，卻不單只是意圖。

對演員或導演來說，潛台詞是表演者賦予角色未說出口的想法、感受和動機。潛台詞總是未說出口，卻是演員表演最辯才無礙的一面，為每句台詞和每個動作增色。但是潛台詞並未出現在劇本裡。它來自演員對故事的獨特詮釋，從個人記憶、生命經驗及想像中開採出。

想像你正在觀賞一齣電視劇。在這場戲裡，一名商務人士從城外的旅館房間打電話給她的未婚夫。

「我想念你。」她說。

她是全神貫注地說，還是邊看有線電視新聞邊說呢？她在想著她在酒吧看到的那位潛在客戶嗎？她話中滿是誘惑、睡意，還是急著要對方掛

電話呢？各種心思都可說出相同的台詞。潛台詞總是表達了我們最深的動機，也就是那些真正運作生活的枱面下和潛意識待辦事項，包括我們如何處理我們的創意表達。當我們「讀到言外之意」時，就會感覺到這種溝通層次。

如同電影中的角色對於驅使他們的潛在觀點所知甚少，我們一般並不會察覺到生活中不同面向的潛台詞力量。有時我們需要尋求個人成長或靈性來釐清我們的潛台詞。所有的溝通都始於潛意識的層次，而所有溝通也都得益於自我覺知。我們越理解這點，就越有力運用這個知識在創造萬物上，從藝術到事業再到生活皆如此。

最深的創造力發生在潛台詞裡。這也是莎士比亞戲劇在全球各地劇院不斷上演仍歷久彌新的原因。就算文本不變，製作總是不一樣。**決策者**，也就是導演的責任是去選擇潛台詞。我們也可以像導演為戲劇或電影選擇潛台詞一樣，選擇自己的潛台詞。我們總是在創作。一旦我們在自己的經驗裡用上潛台詞，我們就是在創作。

我的工作坊有個練習，揭露潛台詞更深的本質，並展現故事並不活在事實或情節中。我們故事背後的意義，總是很個人的，只存在於那些將它們交織起來的無形千絲萬縷間。

在這項練習中，我們要表演的是電影界所稱的劇本分析。演員和導演會定期分析劇本。想像一張照片，照片裡有個小男孩坐在橋下的椅子上。這個畫面有哪些事實？

男孩穿著短褲。

他留長髮，戴眼鏡。

他面對有人走開的方向。

那個走遠的人像是男人。

那個男人穿著西裝。

　　你可能會說「這是一個可憐的男孩坐在椅子上。」或是「他又餓又孤單。」這些是事實嗎？我們只知道有個男孩坐在椅子上。我們甚至說得出他幾歲嗎？我們只能說他是小男孩。

　　繼續觀察，我們發現更多事實。

　　那是白天。

　　男孩上面有座大吊橋。

　　橋上有車。

　　這可能是從舊金山到奧克蘭的海灣大橋，但我們並不確定。我們只知道有個男孩坐在吊橋下。

　　最後，我會請你花五分鐘寫個短篇故事，將我們分析的事實與你認為可能發生的事編在一起。你可能會寫：「這個男孩在等待，因為他父親的車沒油了，剛跑去求救。這個男孩被拋棄了，現在無家可歸。這座橋代表連結兩個不同的世界觀──孩子和成人的。」

　　不論我們問十個人還是一百人，很快發現每個故事都截然不同。有些故事的主題可能跟失去有關，有些則是神祕事件。但這些故事都沒有一點相同。理由是，我們不是依照**世界**的方式來看世界，而是以**我們**的方式來看世界。

　　就算你可能與周遭人分享你生活裡的事實，但是你造成不同。你添加情緒的複雜度、意義和潛台詞。你是創作者。雖然你和我可能都同意天空是藍的，草是綠的，但當我們做這個練習來描繪細節，我們會發現每個人的經驗都是獨一無二的。

　　我有一次在一家學習公司使用劇本分析，該公司想調整他們的使命宣言和公司認同。做練習時，有件事越來越明顯，那就是房間裡的每個人對於預設的使命宣言其實都有截然不同的故事想法。他們理解無法將他們的優先順序和價值觀溝通清楚視為理所當然，所以開始為彼此填入更清晰的細節。當他們以更清楚明白的方式來貢獻點子、想法和感覺時，強大的新認同就出現了，討論因此變得更有效率。

　　無論何時，只要未經檢驗的觀點浮上檯面，就有可能發生令人驚訝的事。有時可能更有挑戰，對想要拓展團隊創新能力的科技公司執行長來說也是如此。劇本分析練習揭露不同觀點，許多未言說的假設猜想會暴露出來。執行長先是跟大家分享她在練習時想到的東西，但很快就退卻了，她很生氣自己在團隊面前暴露感受和脆弱一面。然而有創意的領導總是需要承認弱點的長處，包括願意認出並承認個人或團體動能阻礙了前進動力。要建立一個鼓勵改變並允許創造力滋長的環境來說，承認弱點是必要的。

　　另外一次我與一名管理高級 spa 和飯店行銷公關事務的客戶一起工作。她遭遇到如科技長面臨的類似挑戰，但阻礙浮現在她的商業夥伴身上，而非整個團隊。劇本分析幫助解開了他們在溝通、觀點及執行風格上糾結的結。這個練習幫助她辨認出自己有嚴厲思考及快速判斷的傾

向，她在人生早期一直用此來創造一種個人力量的感覺，而這樣做讓她在夥伴關係中被孤立。劇本分析讓我的客戶有了更多同理心去面對自己和夥伴。她變得更能回應，且更少反應。很短的時間內，他們一起工作變得更有效率，生意也蒸蒸日上。

> 「創意領導總是需要承認弱點的長處。」
> *Creative leadership always requires strength of vulnerability.*

　　沒有發現並改變個人信仰、感受和制約思考的能力，我們會重複回應每段生命經驗，而這生命經驗必須透過相同的篩選和模式來提供。沒有什麼事不改變。但是辨認並打破死板不靈活的模式，創造力才得以誕生湧現。就連稍稍改變潛台詞都能為我們的人生故事創造大改變。創意人生的最大禮物之一就是察覺潛台詞的力量。以下是簡單的察覺練習。

　　‧注意你的想法及感受，尤其是處於壓力下的時候。

　　‧問問自己：「我來自何處？」

　　‧每得到一個答案就重複問自己這個問題，直到感覺到底線為止。那就是潛台詞。

　　以這種方式公開潛台詞表示自願成長及改變。當我們想增進察覺可能會浮上檯面的阻礙時，這方法特別準確。

改變的阻礙

當我們渴望開始新事物，很可能會遇到阻礙。阻礙有兩種要注意的常見行為特徵：

‧阻礙通常以與我們最想創造和最想做的事的對立面出現。

‧阻礙往往發生在我們採取大行動，進展到下個更大的自我表達階段時。

何謂阻礙？

根據《牛津大辭典》定義，阻礙是「妨礙或阻止通行或進步的事物；一個障礙物或阻塞物。」換句話說，它是創造力的敵人。阻礙會產生壓力，是巨大的能量枯竭，可暫時讓我們無法接受靈感或在機會來臨時無法注意到。說明這點的最好方式是聚焦在慣性行為、心理狀態及內在劇本上，而單獨運作或錯綜複雜結合，都是阻礙最喜歡的表現形式。

‧**完美主義**——必須「做對」，通常是來自童年當我們學習尋求外在認可以及把自己跟別人對照和比較時

‧**拖延**——查電子郵件、臉書及其他令人分心的事；查看冰箱；看電視、發簡訊或打電話而不去做有創意的活動

‧**失去專注**——想睡或很難專心（與拖延是表親）

‧**感覺受打擊**——承受太多

‧**無聊或退卻**——承擔得不夠

‧**戲劇化**——尋求或陷入家族紛爭、工作上的誤解、財務混亂、受難行為和其他長期麻煩中。

· **做出批評**──對自己和他人做出非黑即白的宣告，切斷連結，並在我們與創意可能之間築起一道隱喻的牆

· **恐懼**──因為害怕失敗而避免／停止自我懷疑和羞辱

· **憤怒**──因為未表達和未解決的憤怒而覺得疏遠／無動於衷／疲倦／沮喪

阻礙的聲音聽起來可能像這樣：

·「我沒有完成這件事所需的資源。」

·「我何德何能可以做這件事？我力有未逮。」

·「我沒有對的人脈關係。」

·「我沒接受過適當的教育訓練。」

·「別人可以做得比我好。」

·「別人已經做過了。」

·「這個世界真的需要另一個 ＿＿＿＿（新創公司、唱片、書籍、劇作、餐廳、紀錄片等）嗎？

當阻礙變成自我破壞

　　這些阻礙的力量抑制了創造力。一再重複下，阻礙會輕易自我破壞充分發展。如果我們捲入糾纏不清的戲劇化關係，就不會有太多（如果還有的話）時間、能量或空間來發揮創造力。也就無法完成跟創意有關的事。當拖延變成一種慣性行為而不是短暫的注意力渙散時，創造力迷失在瑣事中。這兩種都是強大的自我破壞。

　　很多年前，我在拍攝電影時發現自己遭遇到自我破壞。當時我與自我懷疑和完美主義奮戰，被「我在這裡處處不如人」這類想法壓得喘不過氣來。我感覺不到安全感，對許多決定和要求都自動回答不。我感覺不到內在的自信，而這是感覺能夠控制外在情況的最快方式。我的自我破壞行為造成了我與合作者間出現紛爭和衝突，我幾乎被開除。最後那部電影沒有原本預期的好，製作這部電影的過程也是。

　　當你縱容阻礙又未辨認出它們時，就會出現破壞。它們傷害你，也會傷害周遭的人。但如果你認出自己陷入這種行為，別沮喪。破壞向來是不安全感和完美主義的反應。我們並不需要完美地做每件事。辨識出阻礙，承認它，然後召喚勇氣來改變。

　　我們被訓練追求「做對」。我們還是孩子時，不會檢視我們做得對不對。我們生活在當下，表達自己。漸漸地，有 8 到 15 人說：「很好。你做得非常好。」我們對被認可的興趣變得比體驗創造力在我們體內流動來得大。慢慢地，我們學會去比較、對比和競爭。當下次並未出現認可，我們便納悶自己到底做錯什麼。這時與創造力有關的不再是自我表達，而是操縱外界的回應。

認出並承認阻礙——計時書寫練習

步驟 1：計時器設定好五分鐘。

步驟 2：不要停筆，寫下所有阻礙你「行動」的方式。先慢慢做個深呼吸，跟自己連結，然後開始。

　　如果你在五分鐘結束前就想不出來：繼續寫！用下面這個句子重新開始：「我深受無話可說所阻礙，我真的想停筆了，但我不會停筆，因為我已做出承諾要探索我的阻礙。」你可以不斷反覆書寫這個句子，直到新的話語從筆下流洩而出為止。

　　現在該與你的阻礙展開對話。找出阻礙要告訴你的事，這將釋放你的創意能量。

你的阻礙底線 —— 書寫練習

步驟 1：想像你要坐下來發揮創意。你坐在書桌、繪圖桌、畫架、鍵盤、檯面前，或你最愛的椅子上。你有想創造的東西，想達成的目標，想完成夢想或做出貢獻，你對這項創意工作有所期待而感到壓力。

步驟 2：列出或描述隨這項創意活動而來的壓力想法、感覺和感受。別自我審查，全都寫下來。

步驟 3：選擇最感壓力的想法、感受或感覺，讓它跟你說話。當你感覺壓力時，問下面這個問題：「我來自何處？」然後對每個你得到的答案重複問這個問題，直到你覺得自己已到底線。

例子：「我覺得很累。我要畫畫（或坐在鋼琴前或在花園種下種子或與伴侶共度美好時光），但我筋疲力盡了。」
問題：「我來自何處？」

答案:「我今天真的不想努力或工作。」

問題:「我來自何處?」

答案:「我覺得那太難了。」

問題:「我來自何處?」

答案:「我來自一個覺得自己可能會失敗或不夠好的地方。」

問題:「我來自何處?」

答案:「我害怕我會失敗。」

問題:「我來自何處?」

答案:「我害怕我就是不夠好。」

在這個例子,相信並說出「我不夠好」就是底線。

步驟 4:一旦你碰到底線阻礙並寫下,放下筆,捫心自問是否願意與這個部分的自己有所連結。

跨越阻礙的方式是「經歷」它

看看你在前兩個練習所寫下的內容。注意,你寫下的所有內容都是阻礙。全是潛台詞,也就是潛意識大多時候遵循的腳本。辨認出這許多阻礙,未來無論何時出現,你都能辨識出來。你不會再讓阻礙來控制你,你可以看見它到底是什麼。你會知道阻礙的功能以及它在那裡的原因。這是能有效處理阻礙的起點。

每當你做以下這三個步驟,跨越阻礙的方式就會更清楚明白:

．**擁有它**。認出並承認你的阻礙行為和思考模式。

．**了解它**。知道這個阻礙是什麼，並了解它出現的目的。

．**了解自己**。了解阻礙是來自部分的你，那部分的你害怕自己的偉大。去愛自己的這一面，就像你會愛一個害怕或不乖的小孩。

我知道一些厲害的練習能有效讓我們面對阻礙並擺脫它，其中之一就是眾所周知的「作品」。「作品」由《一念之轉》（*Loving What Is*）作者拜倫・凱蒂（Byron Katie）老師所創造，是包含四個問題的過程，揭露阻礙並重新編碼。

作品——自我探索和日記練習

步驟 1：思考你想移除的阻礙。是拖延、批判和自我批評、自我懷疑、遭受打擊、失去專注、完美主義或其他形式的阻礙？這個阻礙的聲音說了些什麼？下面的幾個例子能幫你釐清受限制的發言：

「我永遠也擺脫不了這種拖延習慣。」

「我做不到；我沒有成功所需的條件。」

「我以前失敗過。可能會再失敗。」

「沒有人會想要我提供的東西。」等。

步驟 2：用下面四個問題一一檢視你剛辨認出的限制發言：

問題 1：這是真的嗎？（是或否。如果答案為否，請跳至問題 3。）它真的是真的嗎？換句話說，你總是遇到阻礙、拖拖拉拉、搞砸事情，或其他什麼特別情況？你想法源源不絕嗎？你有堅持到底嗎？

問題 2：你能完全明白這是真的嗎？（是或否。）你真的知道你真的阻礙、拖延之類的嗎？當你問自己這個問題時，要記住絕對知識是很難認定的。

問題 3：當你相信這個想法時，你會怎麼反應，會發生什麼事？當你相信你總是在拖延或想睡覺或做出你那種阻礙時，你都怎麼反應？當你出現這個念頭時，專注在你的身體感覺上。你的呼吸怎麼了？你的胃、肩膀和背部等又發生了什麼？

問題 4：沒有這種想法，你會是怎樣的人？沒有這個你總是在拖延或想睡覺或毫無頭緒做創意工作等想法，你會是怎樣的人？如果你放棄那個想法，又會變得怎樣？

這四個問題可以完全改變遊戲規則。只要你需要跨越阻礙，回到這些問題來。它們可幫助你想清楚是哪些信仰和知覺在限制你或造成你的痛苦。無論我是獨自工作，還是與電影團隊、組織或個人合作，面對阻礙的第一個反應通常都是「我做不到！」每當我遇到這種決不妥協的確定，我發現凱蒂的這套問題都能有效幫助我，有位 CEO 因撞牆期而痛苦來尋求我的建議，這些問題也幫助了他。

這名事業非常成功的執行長與妻子發生衝突。他習慣大企業的經營模式，也把婚姻當公司經營。他拒絕承認婚姻會有裂痕是因為他想當家中的 CEO，他固執地說：「我就是這個樣子。我不知道其他方法。我無法重新創造或改變我的本質。」就這樣，我引導他檢視這四個問題。

‧他真誠地質疑了自己「無法改變行為」的這個斷言，並承認這可能

不是真的。

‧他理解到自己無法絕對確認對自己的想法是否有根據。

‧當他相信自己無法改變時，覺得自己的未來死板、悲傷又無望。

‧若沒有這個限制想法，他想像自己會對妻子做出更多回應、更開放、更有彈性，他會感到「更自由」。

我們一開始合作時，有人提醒我這句俗語：「對手握鐵槌的人來說，每個東西看起來都像釘子。」他明瞭他不必在每個情況都扮演鐵槌，他可以用不同方式來回應妻子。

某種意義上，當我們使用這些有智慧的問題，我們是在問自己：「如果我在追求新事物，願意錯看自己會如何？如果我在追求我認為是對的事，願意犯個錯又會如何？」這類問題能校正我們，以創新方式掌握人生。

進入事情的核心

心理過程和覺知練習在處理阻礙上是必要的，心理有時會過度作用，我們要越過它，並透過心來處理阻礙。

接下來的技巧是簡單但有效的工具，我是從心智算數研究中心（Institute of HeartMath）工作的朋友那學來的。這個練習可以平衡思考與感受，創造所謂的心靈－心智一致性。只要你感到阻礙或壓力時，都可以使用這個技巧。

意念鎖定法

步驟 1：找個平靜的地方，放鬆 5-10 分鐘。閉上眼睛，深呼吸，把注意力移到心臟區域。

步驟 2：想像你慢慢呼吸通過心臟……自在地吸氣，吐氣。

步驟 3：在你持續呼吸通過心臟的同時，回想愛或感激的感受。或許是對愛人或寵物，或是剛出爐餅乾或春天茉莉花的香味。

步驟 4：想像你緩緩將心中的感受，也就是感激和愛意，送出給你自己和別人。

步驟 5：繼續從你的心傳送愛，持續 5-10 分鐘（或更久，如果你想要）。當念頭出現，緩緩回到你的心。

　　當你感覺完成，將注意力帶回到你的中心，慢慢睜開雙眼。
　　意念鎖定法不只能有效地在當下處理阻礙，若想重新調整你的神經地圖，從已熟悉並感到舒適的模式轉變成新的模式，這個技巧也同樣有用。因為能量會追隨注意力，你灌輸在這些新大腦地圖上的注意力越多，就越容易去接近它們，舊的地圖也就越快萎縮及融解，清除通道讓你的創造力活躍起來。

用勇氣和承諾來克服阻礙

你就是無法一路挺進克服阻礙。與 Nike 的哲學相反，你就是不能 just do it ——做就對了。我們的固定迴路設定就是要死守事物原來的樣子。所以嘗試**做就對了**，奮力挺進，很快就會又讓我們面對掙扎和阻礙。克服阻礙需要勇氣，勇氣的英文 courage 源自法文 le coeur，心的意思。因此，要克服阻礙需要心靈–心智一致性。換句話說，克服阻礙需要一些接受和愛。

這也需要承諾。

你可以用勇氣的承諾取代掙扎的承諾。每當你展現勇氣，你就無視恐懼、懷疑和其他形式的慣性，向前邁進。在面對（同時覺知）你所害怕的那部分自己時，需要很大的心志才能繼續下去。當部分的你不再相信自己，分散你的注意力時，你需要勇氣去採取下個創意步驟。

創意人知道最困難的部分是坐下來開始工作。儘管面對恐懼，當想創造的意願遇到行動的意志時，就會發生神奇的事。

「你可以用勇氣的承諾取代掙扎的承諾。」

You can replace the commitment to struggle with a commitment to courage.

了解自己的勇氣

我收到一名天主教修女的電子郵件，她在德州的康復中心教書，為教士及男女信徒上課。她說她對我的工作有共鳴，開始向她的小組分享我稱為「三個故事」的東西。一開始，露易絲修女跟每個人快速介紹了三個故事，也就是創意發展的不同階段。

第一個故事總是：**我創造的夠嗎？**這個問題在大多時候都是無意識的驅動力，主要與我們的基本需求有關。**我創造的食物、注意力、舒適、事物、金錢、認可等足夠嗎？**

第二個故事占據了我們大多時間和心智能量：**我創造的東西夠好嗎？**這個問題永遠沒有足夠自信，也永遠帶著渴求的氛圍，讓我們不斷努力及競爭。**我的工作、配偶、教育、房子、車子、音樂作品、繪畫等夠好嗎？**

第三個故事是個啟示：**我的創造力「是」足夠的。**我的力量、天賦、才能、技術和能力確實足夠完美表達我是這個存在。

足夠的。

在第三個故事，創造力是練出來的，沒有潛藏意圖去從自己或他人那裡獲得認可。這是與創造力的成熟關係。

當露易絲修女介紹完，她請每個人列出他們第一個故事的特點，重點放在他們最想擁有並創造足夠的事物。接著她請他們列出第二個故事的特點，列出他們想在哪裡努力又如何做到夠好；他們如何去克服想像中的阻礙、限制和欠缺。很快地，大家問是否可以大聲讀出他們的清單。過了很長一段分享時間，他們全都在聽了其他人說的故事後得到靈感，

對自己的故事進行補充。露易絲修女最後請大家用簡單幾個句子寫下他們的第三個故事，並再次與小組分享。

　　你可能也想拿幾張紙來依樣畫葫蘆。注意那些行動、存在、擁有的故事，以及流進你心理的足夠創造力。當承諾去探索這三個創意覺知階段，結合上了解你自己以及你所創造的每件事物都已足夠的勇氣，看看會發生什麼。

Chapter 9

情緒管理
Emotional Mastery

———◆———

藝術家是來自各處情緒的容器：
來自天空，來自大地，來自一張碎紙，
來自一個消逝的形狀，來自一張蜘蛛網。

The artist is a receptacle for emotions
that come from all over the place: the sky,
from the earth, from a scrap of paper,
from a passing shape, from a spider's web.

畢卡索

　　你辦到了。你到過創意之牆的另一邊。遭遇過迎面而來的創意阻礙，你現在可以打開創意心流（creative flow）的龍頭了。

　　我認識的最精熟的創作者都注意到創意心流與他們的情緒息息相關。他們也都是管理情緒的大師，發現以下的創意活力處方：

　　‧他們感覺到自己的情緒。

　　‧一旦他們感覺到自己的情緒，就放下那些情緒。

　　‧然後他們選擇，感受新的情緒。

　　情緒是創造力的泉源。當你重新連上想像力、感受及存在，就更接近那個源頭。

　　當你發覺情緒有問題，那是什麼在阻礙你？就像遇到創意阻礙，當你體驗到一些情緒，作怪的往往是恐懼。許多人害怕感受到特定情緒。對我來說這絕對是真的，我年紀輕時，就把強迫性思考和焦慮誤以為是感覺。長久下來，只要對情緒和身體麻木，我就覺得安全些。我對情緒有許多誤解，為它們貼上正面和負面標籤，然後嚴厲批判「負面」情緒。

超越好壞

　　無論你擁有所謂的正面或負面情緒，都要去感受它們，然後釋懷。快樂或悲傷，開朗或拘束，這些情緒都要放下。當你無法感覺情緒，或是否認或壓抑情緒，會為你的創造力和生活福祉帶來無益且不健康的影響。

　　無論你強烈感覺到何種情緒或感受，之後放下它，都是正面的。

　情緒會漸漸增強，然後漸漸消散（無需做什麼創造力消耗控制），就讓情緒經過。不要抓住情緒。**感受情緒然後釋懷**，就能讓情緒變正面。

來到當下──了解強度

　創作者的唯一負面情緒，就是未感受並放下情緒。你得強烈感受你的情緒。我不是說你要演咬牙切齒的內心戲或變得有點歇斯底里。你並不想反芻過去或是一味寄望未來。但當你強烈感受時，便完全處於當下，就在現下此刻。

　另一個處理阻礙、害怕情緒和困難經驗的觀點是，當情緒來臨，就把它們視為整體的創意火種，可點燃你的創意資源。把它們當成燃料使用，不只創作藝術，也要把生活創作成藝術品。

> 「創作者的唯一負面情緒，就是未感受並放下情緒。」
> *To a creator, the only emotions that are negative*
> *are emotions that are not felt and released.*

從辨認到建立關係──情緒管理之路

　人人不時都有被情緒吞噬的感覺。一旦我們放下戒心，都會害怕被情緒吞噬。悲傷、憤怒和恐懼正是幾個我們試著要壓抑或克服的情緒。但是學習如何與情緒建立關係遠比克服它們來得更重要。

當你辨認出情緒，你可能會感覺自己被困住。你無法甩開某種特定感受，因為這種感受已緊附在你的自我感覺上。但當你與這種情緒建立關係，你就能隨心所欲採行那三個情緒管理步驟：**感受它，說再見，然後選擇別的**。

比方說，如果我很恐懼，我要不大可認出這恐懼，相信這恐懼就是我，要不就當它是通過我身體的情緒來感受它。這個恐懼與我是分開的，而我和它有關係。我可以充分感覺它，注意它是否有什麼訊息要告訴我，然後就放下。如果我拒絕放下，那麼我可以確定我認同它。

當你相信情緒說了關於你是誰的負面故事，你可能會與它纏鬥，而不是允許它通過你。

選擇振動狀態

我們創作者有機會開展一種與情緒截然不同的關係——**超創意關係**。這種新關係的起點是將情緒理解成創造振動狀態或能量狀態的頻率。再次強調，要與我們的振動狀態建立關係，一個關鍵就是要充分感覺什麼出現了，並允許它消散。另個關鍵則是選擇我們接著想增強的振動狀態。如果我想沖個熱水澡，就把水龍頭轉到熱水端。如果我想沖涼，就將水龍頭轉到冷水端。要調到舒服的溫度，就在兩端中尋找平衡。我做了選擇。我的振動狀態和能量也是同個道理，一點不假。

換句話說，管理情緒就是選擇我們的振動狀態並加以管理。但在我們充分感受我們正有的情緒及能量反應前，並沒什麼選擇。透過練習，我們可變成做選擇的藝術家。接下來的練習將幫助加強你的選擇能力。

進入花園

我最愛用這個「進入念頭和感受的花園」的技巧來練習感受情緒並放下。這個強大工具能激發新的神經連結和新的情緒，來培養心智算數研究中心教導的心靈－心智一致性。

這個練習有效的祕密是這樣的：情緒總是與念頭息息相關，而念頭又與情緒密切相關。兩者共同創造出稱為創造力的魔法。發自內心感受這點，想像你在花園裡拔胡蘿蔔和野草。當你從上頭的綠葉處拔起時，根部總是會跟著出現。同樣地，當你拔起一個念頭，就會出現一種感受，而當你拔起一種感受，就會出現一個念頭。

在你開始前，參考第 4 章（p.65）的感覺字彙表。從清單上隨機選出兩種情緒，然後進入念頭和感受的花園。

進入念頭和感受的花園

第一部分

找個舒服的地方放鬆下來，然後做幾個集中專注的深呼吸。

情緒 #1：＿＿＿＿＿＿＿＿＿＿＿＿＿＿＿＿＿＿＿

專注在你從清單上選擇的第一種情緒，盡可能地強烈感受那種情緒。感受它，感覺它，再感受多一點。當你沉浸在這股感受中，注意念頭出現。如果這個念頭是「什麼也沒出現」，那麼這就是你的念頭。念頭和感受之間的連結不總是有邏輯的，所以就讓自己留意出現了什麼。

情緒 #2：＿＿＿＿＿＿＿＿＿＿＿＿＿＿＿＿＿＿＿＿＿＿

同樣的方式，專注在第二種情緒上。感受它，感覺它，繼續感受它。這麼做，是要專注在升起的感受上。只要注意它們，就算對你沒什麼道理。

然後放下它們。

第二部分

現在，顛倒過來，念頭先開始。你可以利用下面提供的念頭來練習，也可以選擇不同的念頭。

念頭 #1：你最愛的節日

當你想到最愛的節日會發生什麼事？開始，回想。持續想著你最愛的節日直到出現感受。讓自己強烈地感受這種感覺。

然後放下這個念頭和感受。

念頭 #2：你的工作或事業

像把雷射刀專注在你的工作或經營的事業上。想一想，想一想，想一想。持續想著你的工作直到出現感受。這個感受是什麼？感受它，感覺它，再多感受一點。

然後全都放下。

回到中心，深吸一口氣，然後慢慢吐氣。

這個技巧是個練習。你能感覺到嗎？你怎麼上健身房鍛鍊腹肌，這個練習就怎麼訓練你的創意肌肉。我建議定期花時間上這個創造力健身

房，做這個鍛鍊當練習。會帶來驚人的紅利。你會有健美的情緒，與你的感受和想法變得親密，好好關照這兩者。

接下來的練習是從你可能認為是「不好」或負面感受和情緒中找到黃金。你會發現在你的焦慮、恐懼、挫折、憤怒或怨恨中，其實鎖著巨大的創意能量。

發掘隱藏的創造力──每日冥想練習

找個安靜的地方來反映內心，寫點東西。

花幾分鐘回到自己，專注在呼吸上，讓自己放鬆。

步驟 1：從 1 到 10，你會給自己的情緒能量打幾分？1 分代表感覺某種程度上受到限制，10 分代表感覺開放連結。中間的數字代表你可能經歷不同程度的限制或流動。就從你當下所在之處開始，選擇你的數字。

步驟 2：寫下一兩段描繪你此刻的感受。描述隨之而來的身體感受。也許你感覺到緊、麻、脈動或收縮。我通常會感到胸部緊或是脖子僵硬。就算感到麻木或空虛也算在內。

步驟 3：想像這些感覺跟你在步驟 1 所描述的情緒有關。你的工作是要搞清楚它們是如何產生關聯的。花幾分鐘寫下這個關聯。

接著來到跟你的感受、情緒或身體感覺有關的念頭。

步驟 4：描述你的心態。例如，注意你的念頭是否跟指責、逃跑、懲罰、批判、跟別人比較有關。花幾分鐘寫下你腦中所想。

步驟 5：從 1 到 10，為你現在的創意能量評分，1 分代表能量沉重或低下，10 分代表能量高或輕鬆，中間的分數則代表不同等級。承認並表達你的想法和感受，你有注意到改變嗎？選擇你的分數，寫下一兩段描述你感到自己的創意能量發生了什麼。

　　定期做這兩個練習，就能訓練自己有創意地表達，然後放下你的念頭、感受及情緒。你超越了將它們貼上正面或負面標籤的需求，現在知道如何與它們合作。每當你這麼做，你就進一步發展 CQ——也就是關於頻率、情緒，以及心靈潛在的定性慷慨的創造力商數。

　　多年來，每當我面臨壓力，往往會切斷自己與感受力的連結。情況通常像這樣：我以「自動駕駛」模式與朋友坐在一起，理解到無論他們說什麼我都沒感覺。做這些練習，我學到跟上這些落差，回過神來。

　　一名跟我合作的演員在認識之初就跟我說他是「工作狂」。當我們談論他的生活，他很明顯持續把感受放一邊。他不只忽略細微的感受，也忽略了如餓了就吃或累了就睡等基本身體感覺和需求。透過這兩個練習，露出一絲曙光。他明瞭他把自己當成物品一樣對待，而在處理他人思緒及感受上，也這麼麻木地面對。他的創意生活、健康、關係，全都沒有用心對待照料。這些時刻對他很不好受，但他堅持練習，事情因而有了轉圜。他的念頭和感受有了新的意義，變得更豐富。當他發掘新的

回應，別人也發現他變得更開放也更有空。

　　內心的改變往往與**能力**有關。如果涉及自己感受的能力有限，你會感覺與他人失去情感上的連結。所有關係中，你跟自己的關係最親密。如果你身為父母、配偶或朋友，理解這點能讓你愛的人創造不同的人生。

Chapter 10

繆思上門：進入創意心流
Engaging the Muses:
Stepping into Creative Flow

◆

「這個物品不是用來創作藝術的，
而是它那美妙狀態讓藝術必然發生。」

The object isn't to make art, it's to be in that wonderful state
which makes art inevitable.

羅伯‧亨利[9]

---

8. 譯註：羅伯‧亨利（Robert Henri，1865-1929），美國畫家和老師，美國寫實畫派代表人物。

　　我的職業生涯最有成就感的一次計畫，就是拍了一部電影長度的紀錄片：《當我年幼，我說我會快樂》（When I was Young I Said I Would Be Happy），講述 12 名盧安達種族屠殺倖存者的情緒治療之路。這些年輕人從創傷後壓力症候群（PTSD）中復原，將自己的絕望和悲傷化為悲憫行動，回饋給其他也經歷過這類毫無天理事件的人，其中包括桑迪胡克（Sandy Hook）小學槍擊案受害者；2012 年在康乃迪克州新城（Newtown），有 20 名兒童和 6 名成人在桑迪胡克小學遭到槍殺。

　　影片裡有個感人例子，年輕盧安達女性透過 Skype 對新城一名 11 歲男孩進行輔導。原本男孩的照護者和心理健康專家都無法觸及他的內心，但在男孩開始接受這名盧安達女性輔導後，能夠回到學校上課了。男孩在他的新學校進行募款，供那名年輕女性讀完四年大學，藉此表達他的感謝。這麼做也啟動了治療和愛的正向循環。

　　當我確信自己完成了這部紀錄片，便請一些電影工作者和友人觀看，想知道他們的評語。

　　「你還沒完成，」他們說：「中間有點拖沓。」

　　我不喜歡聽到他們這樣說，但直覺上我知道他們是對的。

　　我的剪輯師表達她的挫折，也反映出我的。我們爭吵，互發牢騷，但最後還是回到工作崗位。我們剪掉六分鐘。然後再兩分鐘。最後又剪了一些。

　　然後特別的事發生了。

　　突然間繆思女神降臨，我們從之前沒太注意的底片中剪了一整段新畫面，聚焦在一名年輕盧安達學生身上，他接受加州太平洋樹林鎮全班孩

子捐助而得以完成學業。這群加州孩子擠在一起透過 Skype 電話與這名年輕盧安達學生對話。這群學生發自肺腑的關心、溫柔和鼓舞傳達到了千里之外。最後，這件事不再只關乎剪輯讓影片更短。在繆思引導下，有機會為影片增添情感和深度，讓故事推展下去。後來我們再次放這部紀錄片，大家都覺得很完整……新剪入的畫面成為影片裡扣人心弦的段落。

就算面對內在困惑和外在阻礙，只要我們採取行動，就能召喚來繆思。她們是神祕的助手，有能力以好奇心取代懷疑，以啟發取代阻礙。

無論是把陶土放在陶輪上，還是寫企業宣言，就如創作者發現的，我們有時都需要一點幫助。

> 「就算面對內在困惑和外在阻礙，
> 只要我們採取行動，就能召喚來繆思。」
> *When we take action, even in the face of inner confusion*
> *and outer obstacles, we invoke the muses.*

我們看不見的同盟——奧林匹亞九繆思

數千年來，各式各樣的藝術家和創作者都曾召喚繆思女神，祈求知識和指引。西元前八世紀，荷馬史詩《奧德賽》就是從這樣的召喚和請求開始，希望得到幫助，述說偉大傳說：「繆思，請在我體內歌唱，透過

我說這個故事……」

敘事者厚著臉皮請求被用作創意表達的容器。

歷史上，繆思女神是希臘神話中九位非凡女神：塔利亞（Thalia）、克利歐（Clio）、卡麗歐普（Calliope）、特普西蔻（Terpsichore）、梅波梅娜（Melpomene）、伊瑞托（Erato）、尤特普（Euterpe）、波利黑米妮亞（Polyhymnia）、尤瑞妮亞（Urania），也就是眾所周知的奧林匹亞九繆思。她們是創意力量，希望幫助我們表達、建立並創作對我們很重要的事物。她們是一群看不見的同盟，鼓舞創作者。

當你看到她們的名字，或念出她們的名字，有幾位你可能很熟悉。當你學到她們各自執司的專門領域，請留意這些繆思是否激起你的感受、意象或記憶。

那些繆思女神——如何與她們合作

探索繆思女神時，不要被神話這個詞給誤導了。繆思女神不是存在於古老世界的虛構化石。她們是我們結構化想像界線以外的創意力量；每一位都是生氣勃勃且充滿想像力。她們就像大自然的力量，可召喚來滋養我們的創意、想法和感受花園。

塔利亞喚醒天真和幽默。她說，把握機會。嘗試新鮮事物。品嘗新鮮事物。聆聽你不懂語言的廣播。願意取笑你為愛做的每件事，而不必記得你始終被愛著。

克利歐執司歷史和傳統。她站在合理的角度觀看擴展我們的覺醒。她說，發掘你自己的歷史和傳統。回想家庭故事、傳家寶和紀念品。從你

的記憶和經驗中創作藝術。

　　卡麗歐普是召喚和英雄之聲。她的聲音在喧鬧中升起，象徵即將轉變的覺醒。她問：什麼是你的召喚？你在何處遊蕩？什麼是你的英雄之旅或偉大作品？用園藝、烹飪、寫作和創作來表達你要去哪的想法和感受。

　　特普西蔻司掌行動。我們覺醒後，為了改變，我們必須行動。特普西蔻鼓勵我們前進、行動。你今天能**做什麼**？玩耍？跳舞？合作？創作？她說，你無法移走停好的車。管它是什麼，**做就對了**。

　　梅波梅娜執司尊嚴和悲劇。她邀請你以你人生的英雄之姿現身。她受召喚來勇敢面對逆境，夠強大來感受你不想屈服的感覺。她說：以身作則，慰藉他人。向痛苦的鄰人伸出援手。為致敬他人而歌唱、書寫。最重要的是，永保樂觀。

　　伊瑞托司掌愛情、悲憫、愛欲、性欲和友誼。她的聲音是情感之聲。她說：為他人煮食、創作故事或打個手勢。你可以付出什麼來安慰、鼓舞或激勵人心？無論是什麼，大方付出。

　　尤特普司理音樂與直覺。音樂可以修復、誘發和激勵。她鼓勵：聆聽四處的樂聲——街上的聲音、廚房龍頭的水滴聲、孩子玩耍的聲音。跟隨預感。預感是尤特普的細微聲音。她正試著要找上你。

　　波利黑米妮亞執司象徵和神聖頌樂。她通常與純音的音樂有關，像是長笛的樂音。她說：聆聽純音的音樂，或是安靜坐著，讓各種念頭和感受從你的潛意識冒出。留意象徵和隱喻。回憶夢境。將它寫下來。想清楚它可能代表什麼意思。

　　尤瑞妮亞司理神聖唯一之聲（宇宙之聲或創造之聲），以及所有天體事物。她說：對你經歷的事保持好奇心，尤其當它感覺很熟悉。尋找新事物。你的工作是理解每件事如何互有關連。

體驗心流

　　一旦你與繆思女神結合，她們會一週 7 天一天 24 小時與你共同創作，但你必須做出承諾。她們會回應你的誠心誠意和堅定不移。就算你的意識注意力並未專注在眼前的工作上，繆思仍大肆創作，以各種形式與你的潛意識心智合作。當你記得你無需「獨自完成」，你會優雅自在起來。召喚繆思是進入創意心流的有力方法。

透過儀式和技巧與繆思建立關係

　　繆思女神等著受邀。除了我們說的話語，繆思女神也樂意收到邀請，就算遇到阻礙仍願意向前，就算創意撞上障礙而減速也要行動。拖延、完美主義、枯竭、分心、寫作瓶頸——當我們願意成為共同創作者，繆思可以處理這些問題。

　　定好例行事務。設定固定時間來創作，還有固定地點。可以是每天早上七點、下午三點或午夜來創作；只要配合自己的喜好和節奏即可。或許對你來說最好的是每週在固定時間做三到四次。

　　用愛與關懷安排你的工作空間。裝飾你的空間，運用能激發想像力和連結情緒的色彩、材質和物件。你可能會發覺某些音樂是背景的重要部分。好好用心為你的創造力打造自在清新的環境。

看看你信守承諾，定時定點工作，會有什麼結果。

動作與韻律。創意的氣，或說能量，會在你跟隨節奏及動作移動身體並喚醒神經連結時發散出來，即使動作和節奏很小。你不必跳一整套招魂舞蹈來邀請繆思。大可跟著洗衣機或洗碗機的聲音搖動。跟著風鈴聲呼吸。跟著落在你家屋頂的雨滴聲或窗外的鳥鳴動作。坐在書桌前，就能找到許多創意連結。

準備發動。寫作技巧通常是開啟意識之門，讓繆思進入的關鍵。無論你是為挑戰尋找創意解決方法，釐清計畫的下個階段，還是期待一波靈感浪潮能向你打來，這個技巧都能幫助你。

暖身迎接繆思——計時書寫

利用煮蛋計時器或鬧鐘，針對想寫的主題，設定好你想要的時間來自由不中斷書寫；三到五分鐘就夠了。好比，寫寫你對工作或是置身大自然，或對法國紅酒這個新愛好有什麼感覺。或是選擇兩個毫不相干的主題，在兩者間尋找關聯，像是你家後院的梨樹和你鄰居的銀色休旅車。

在某個特定時刻，你會自動引發繆思的協助。一個點子，然後另一個，讓你意想不到。突然間，你無視任何恐懼、懷疑和阻礙，勇往直前。

為了翻轉創意，試著用你非慣用的那隻手來自由書寫。如果你是右撇子，就用你的左手，反之亦然。看看你用這個方式來處理你的感受、問題和解決方法時，會發生什麼事。

大腦垃圾

大腦垃圾類似腦力激盪，是創意計畫的豐沃起點。

必要條件。你得願意讓自己內在的檢測器休息一下。就像是停止批評願意跟你分享點子或向你展示藝術作品的孩子，天真地張大雙眼，停止所有自我批評。

不要壓抑。這是一個機會，讓你將原初的點子、感受、意象、話語或徵兆傾巢而出，不用擔心你接下來要拿它們怎麼辦。讓它們傾洩在紙上或畫布上，流入記錄或最能捕捉它們的設備上。

尊敬渺小的起點。你可以在 theatlantic.com 和 flavorwire.com 等網站上取得部分經典文學名著的初始草稿。你可以看到《頑童歷險記》最初的幾頁手寫稿、《包法利夫人》的早期編輯版本，還有其他樂觀的出發點。一些最受喜愛的電影、戲劇、歌曲及藝術品其實都是從形式鬆散的點子開始串起的。如果你在構思一本書的書名或作品名稱，那麼發現托爾斯泰的《戰爭與和平》一開始叫做《結果好一切都好》，而史坦貝克的《人鼠之間》原名則是《有事發生》，可能會讓你好過點。它們都是渺小的第一步。我們的點子可以之後再修飾。

蒸發掉批評者

這個練習是我處理阻礙聲音最愛的方法，特別是我的內在評審，我稱為我的批評者。從那些批評者的聲音掙脫出來，創造一個內在空間（更安靜的空間），讓繆思進入。

閉上雙眼，放輕鬆，開始進行下列步驟。

步驟 1：回想過去或最近你覺得被他人批評的情況。重新體驗這個感受的細節。看看是誰在評判你，聽聽他或她在說什麼（或是你認為他「一定」是怎麼想的。）

　　注意那個感受為何。

步驟 2：一旦你對這個經歷有鮮明感受，創造一個方法，在想像中將那個人「蒸發掉」。可以是透過一把雷射槍、一個爆炸物或是把那名批評者從你的現實中彈射出去的彈射椅。繼續下去，並用你的「蒸發器」。

步驟 3：感覺一下如何擺脫批評。你的身體感覺如何？你的心感覺如何？你在情感面感覺到什麼？在你周遭的空間有什麼改變嗎？

　　當你感覺完成，深呼吸，緩慢睜開雙眼。

　　承認這點，就可找到創意，對，阻礙也會出現，但不一定會妨礙你。運用這些練習，事情就有進展。

與繆思接觸

　　你想召喚哪種力量來求得靈感呢？塔利亞、克利歐、卡麗歐普、特普西蔻、梅波梅娜、伊瑞托、尤特普、波利黑米妮亞還是尤瑞妮亞？哪種特質在此時此刻打到你的創意之魂呢？

　　天真和幽默

　　歷史、傳統和記憶

你偉大作品的召喚

行動和動作

面對逆境時的尊嚴、樂觀主義和勇氣

愛情、悲憫和愛欲

音樂和直覺

你潛意識中的象徵主義、譬喻和純音，或是……

訴說萬事萬物相互關聯的神聖唯一之聲

　　讓你的手指落在這幾行的其中一行上。相信那股創意渴望會通過你的心和手。以你要的方式傳送訊息給繆思女神。

試試看！

拍打出創造力

我從同事歐特納（Nick Ortner）那裡學到「拍打」的技巧，他是「拍打峰會」（Tapping Summit）的創辦者。拍打是強有效的工具，是解除阻礙向創意心流開放的方式。

拍打是根據中國經絡系統，利用手指輕拍臉及上半身數個與情緒相關的特定穴位。拍打有時又稱作情緒針灸。

當你循序拍打練習中的九個位置，我會引導你透過下面這個宣言來增強效果：

「當我創作 ＿＿＿＿＿＿（小說、劇本、關係、商業計畫、雕塑、網站等），我全神貫注。我經歷的每件事都永存在潛意識供我所用。我渴求需要的所有資源和資訊來完成創作 ＿＿＿＿＿＿（小說、劇本、關係、商業計畫、雕塑、網站等）的目標，達到 ＿＿＿＿＿＿（啟發他人、創造成就感、帶來樂趣等）的目的。」

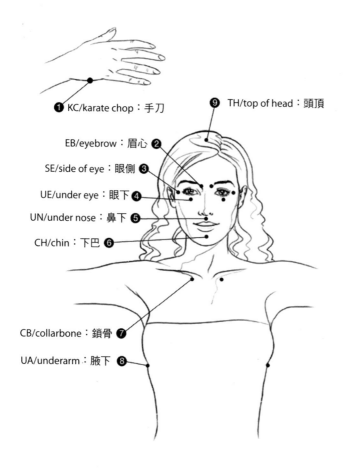

❶ KC/karate chop：手刀

❾ TH/top of head：頭頂

EB/eyebrow：眉心 **❷**

SE/side of eye：眼側 **❸**

UE/under eye：眼下 **❹**

UN/under nose：鼻下 **❺**

CH/chin：下巴 **❻**

CB/collarbone：鎖骨 **❼**

UA/underarm：腋下 **❽**

　　選擇你的操作邊：如果你是右撇子，就用右手的中間三個指尖。如果你是左撇子，就用左手的中間三個指尖。

　　要拍打幾次才夠呢？我的做法是：在每個點拍打不到三次可能不夠，超過五次可能又太多。所以三到五次剛剛好。請找到你的甜蜜點⋯⋯然後拍打，拍打，拍打。

第一位置：開始輕拍你左手的手刀，如果你是左撇子，則拍打右手的對應部位。如果你手刀劈木板時，先擊中板子的那面就是我們要找的部位。當你拍打手刀時，你要複誦以下宣言：「當我創作＿＿＿＿＿＿（小說、劇本、關係、商業計畫、雕塑、網站等⋯⋯）」

　　注意：你的宣言會在剩下的八個拍打位置時逐漸增加。

第二位置：移到第二拍打點，用兩手拍打眉毛內側邊緣，直到鼻樑。拍打，拍打，拍打，重複同樣宣言：「當我創作＿＿＿＿＿＿（小說、劇本、關係、商業計畫、雕塑、網站等⋯⋯）」

第三位置：移到第三拍打點，用雙手拍打雙眼外側，直到鬢角。拍打，拍打，拍打，重複以下宣言：「⋯⋯我全神貫注，我全神貫注，我全神貫注。」

第四位置：移到第四拍打點，用雙手拍打眼眶下緣，就在眼骨中央。

拍打，拍打，拍打，重複這個宣言：「我經歷的每件事，我經歷的每件事，我經歷的每件事……」

第五位置：在鼻子下方，用單手或雙手拍打鼻子下方和上唇之間的人中。念以下宣言時，拍打，拍打，拍打：「……永存在潛意識，永存在潛意識，永存在潛意識……」

第六位置：移到第六位置，用單手或雙手拍打下巴上方，就在下唇和下巴的交會處。拍打，拍打，拍打，一邊持續念著這句宣言：「……供我所用，供我所用，供我所用，」

第七位置：在第七位置，拍打你的鎖骨中央。你可以用單手拍打單邊鎖骨，或用雙手拍打雙邊鎖骨。拍打，拍打，拍打，重複這句宣言：「我渴求需要的所有資源和資訊，我渴求需要的所有資源和資訊，我渴求需要的所有資源和資訊……」

第八位置：拍打腋下（可以是左腋下或右腋下）。女性的位置就在內衣下緣處；男性的則在腋窩下方一掌寬處。拍打，拍打，拍打，完成上面宣言：「……來完成創作 ＿＿＿＿＿＿ 的目的，完成創作 ＿＿＿＿＿＿ 的目的，完成創作 ＿＿＿＿＿＿ 的目的（講出你在第一位置時的創意目標）。」

第九位置：最後的位置在頭頂，就在中心處。用單手或雙手拍打頭頂中

心，陳述你這項創意工作的目的。

例子：

「為了啟發他人、啟發他人、啟發他人的目的。」

「為了創造成就感、創造成就感、創造成就感的目的。」

「為了帶來樂趣、帶來樂趣、帶來樂趣的目的。」

完成： 在你完成整個程序，深呼吸然後放鬆。

當有需要或想到，就重複這個技巧。

Chapter 11

形象塑造
Image Making

———————————◆———————————

「人類不是在母親生下他們那天
就一勞永逸…
人生迫使他們一次又一次
生出他們自己。」

Human beings are not born once and for all
on the day their mothers give birth to them...
life obliges them over and over again
to give birth to themselves.

馬奎斯 [10]

———————————

10. 譯註：馬奎斯（Gabriel García Márquez，1927-2014），哥倫比亞作家，1982 年獲諾貝爾文學獎，以魔幻寫實風格著稱，
代表作有《百年孤寂》、《愛在瘟疫蔓延時》等。

我們有生氣有活力，生來就是要去體驗、品嘗、打動、付出、分享及表達行經我們體內的獨特生命脈動。我們充分準備好去創造、展現成功。所以為什麼我們有時會錯過來到港中的機會之船，那些進步、與他人共同創造或是分享我們的技能、才華和天賦的機會呢？

要回答這個問題，我們可以從約翰·韋恩或是賈利·古柏等明星主演的經典西部電影一窺究竟。電影裡總會有一幕是飽經風霜的主人翁馴服野馬。他跑向一頭種馬（總是公馬），用套索將牠揪出馬群。然後，儘管馬兒一直瘋狂地跳躍、踢動和掙脫，他還是將馬鞍擲到了馬背上。起初，他像片菜葉被甩了出去，但到最後，勝負底定。馬兒不再反抗。隨著我們的主人翁端坐在馬鞍上，馬匹如閃電般快速的疾馳變成溫馴的漫步。牠已被「馴服」了。向前快轉幾個月或幾年以後，這匹馬就像小鴨跟母鴨一樣亦步亦趨跟著主人。

發生了什麼？種馬體格更大、更強壯也更快。為什麼牠不突圍回到草原呢？是什麼阻止了牠呢？

祕密就在於形象。

種馬被馴服的經驗形塑了牠對一生所有逃亡機會的回應。牠是自己形象的囚犯。

何謂形象？

形象是我們想像自己是誰或什麼。也是我們彰顯於外在，讓他人去體驗我們的東西，也是我們向世界展示的東西。

隨著你成長，你的形象也需要成長。如果你創作很多東西，卻未改變

你的形象，就無法保有你正在變成的人，或是你在創作的東西。

　　了解這點至關重要。如果你無法以新的方式來想像你自己，如果你不能想像自己有創意、快樂、成功或值得，你就會永遠退縮回你的舊形象。要當創作者，你便責無旁貸要更精進於創造不斷擴展的形象。

你如何看待自己？

　　有時我會請人用三個形容詞來描述自己。他們可能會說：「嗯，你知道的，我很友善，不屈不撓，我很忠誠。」或者：「我很忠誠，勤勞，對愛失望。」或是：「我是成功人士，很浪漫，永遠靜不下來。」他們用寥寥數語道出大量訊息。

　　現在輪到你去搞清楚想像自己要成為什麼樣的人。

三個形容詞法

　　對可能的新雇主、你夢想中的約會對象，或是考慮出版你小說的出版商描述你自己。告訴他們你是誰：

形容詞 #1 _____

形容詞 #2 _____

形容詞 #3 _____

　　你的身體是信使。檢視你的三個形容詞，用身體感覺每個形容詞。用身體感覺它們。你記錄下哪種感覺？你感到心臟怦怦跳嗎？胸部很

緊？脖子僵硬？你感覺手中一股暖意或是頭部發麻？

_____

_____

_____

_____

_____

　　翻譯這些訊息。你身體的感覺與這三個形容詞間有什麼關聯？花三分鐘寫下你身體的這些感覺告訴你什麼訊息。相信你想到的最初想法。

　　書寫時，有些問題要考慮：你相信你怎麼描述自己嗎，有什麼感覺像是做了伸展？你對寫下的東西感到特別興奮和鼓舞嗎？你有想改變的描述嗎？允許自己完全誠實面對你創意成長的目的。

_____

_____

_____

_____

_____

_____

_____

_____

_____

_____

_____

_____

_____

_____

_____

_____

到目前為止，你從自我形象中發現了什麼？你如何看待自己？如果你看自己是成功的，其他人可能也會如此。如果你看自己是贏家，你在他人眼中也會是贏家。

你想深化或開拓怎樣的特質和個性？你是你想成為的有自信、可靠或可信賴（填上自己想要的特質）的人嗎？

好消息是，要投射一個不真實的形象是不可能的。我們擁有內建的正直機制。如果我們試圖編織搖擺的形象，那麼他人也會體認這是不真實的。

如果你發現你的形象有所欠缺，你不該退縮。你無法原諒或改變你沒擁有的東西。畢竟，如果你沒擁有房子的產權，就無法送人。

要充分發揮你的創意力量，就得完全揭露你的形象，並定期重新塑造它。

因為我持續增進我的形象，我經常運用下面這個技巧。

> 「要充分發揮你的創意力量，就得完全揭露你的形象，
> 並定期重新塑造它。」
> ***To unleash your full creative power, it is essential***
> ***To bring your image fully to light and to creat it anew***
> ***On a regular basis.***

形象塑造法

第一部——揭開舊形象

這個自由形式書寫練習共分成兩個部分，每一部分大約要花 45 分鐘進行。

全跟你有關。前 30 分鐘，寫下你對自己形象的每個想法與感受。可以是你的一般形象或是你身為創意人——藝術、工作、健康或其他你高度重視事物的創作者形象。也可以是你作為美好關係、金錢、工作或機會創造者的形象。

寫下你對你自己的**感受**，你**覺得**自己是什麼，你**知道**自己些什麼，以及你如何**看待**自己。

寫呀寫呀寫呀寫。如果你累了。就寫這種疲倦。持續地寫。當你離題，溫柔地將自己帶回「我怎麼感覺自己的形象」上。

半小時後，停筆。回顧你剛完成的。你會注意到特定的語詞、主題和想法重複出現。把它們記下來或強調出來。在接下來的步驟會派得上用場。

一頁。將一開始的書寫濃縮成一頁。

一段。將一頁縮減成一段。

一句。將一段縮減成一句。這個句子是你自我形象的**本質**。

一字。將一句簡化成一字。這個字代表你的形象。

第二部——建構新形象

用一個句子寫下你正長成的樣子。

將這個句子拓展成一整頁。

接下來將這一頁發展成許多頁。換句話說，繼續寫，別停歇。當你持續不停寫了至少 30 分鐘後，停筆。

倒過來做，所有書寫縮減成一頁、一段、一句和一字。

那個字就是你的新形象。

落實這個字。用你的專注力及意圖來餵養它。視它為一種順勢療法，擁有能量讓你成為你可以成為的人。把它帶在身邊。變成它。放在書桌或工作桌上。在現實生活尋找每件事來支持它。

　這個字是一切的開端。

　隨時間融入這個過程，接下來你可以靜坐、祈禱、做白日夢或寫日記。反映你的新形象。保護它。只與那些在乎的人，也就是教練、伴侶、至交分享你的新形象。透過你在這個世上的行動品質來表達它。關注你的感受和想像。明白接下來你每次精進形象，都會讓它變得更強大。

一個大祕密

　當你在進行形象重塑時，如果遭遇阻礙，打起精神來：阻礙的程度和強度有多大，在另一頭等待你的創造力的程度與強度就有多大。

Chapter 12

啟動願景
Jump-Starting Vision

———————◆———————

「當念頭一起，並由鼓動心神的畫面賦與生命，
然後那些原本沉睡的特質也就此甦醒過來……」

When a mind is raised, and animated by scenes that engage the heart,
then those qualities which would otherwise lay dormant, wake into life...

美國前第一夫人，艾比蓋兒·亞當斯 [11]

11. 譯註：艾比蓋兒·亞當斯（Abigail Adams），美國第二任總統約翰·亞當斯之妻，提倡女權著稱。

當你看向你的未來，你看見了什麼？

哈佛心理學教授大衛・麥克蘭（David McClellan）發現，他可以從人做白日夢幻想未來的方式來預測他或她的未來。他發現成功者做的白日夢是關於他們的目標──他們要如何達成目標，以及在達成目標的過程中的感受。他也發現，成功者挑選的挑戰目標要能帶給他們強烈的滿足感。這名教授發現高創意人士向來知道：**成就感既是目標本身，也是創造它的祕密。**

你發送出什麼訊號？

對人生擁有願景是一種創意行動。當你擁有願景，你會創造出一組彼此互動的能量頻率。這些能量頻率創造出發送信號的諧波，像是從電台發送出的無線電廣播，只是這些訊號是在與你的未來進行溝通。

隨著你持續成長，往那個未來前進，你的願景成為你人生的經歷，以各式各樣的方式展現在外在世界。本質上，你則與自己發出的訊號有了交會。

「對人生擁有願景是一種創意行動。」
Having a vision for your life is a creative act.

選擇與允許——兩條創意路徑

我們總是遭遇到源自我們有意識或受制約的創造力，也就是結構化想像的外在表現。換句話說，發生在我們身上的每件事不是我們**選擇**的，就是我們**允許**的。我們的創作也是如此。

‧我們透過有意識的選擇（有意識的創造力）來創造或⋯⋯

‧我們經由允許（結構化想像）來創造。

無論哪種情況，我們的**選擇、信仰**和**期待**組合成的頻率向外發送。向未來發送願景，我們總有一天會發現。

有時我們在年輕時發送出美好創作的願景，一開始卻忘記我們曾經發送過。舉例來說，我直到幾年前才知道自己人生的樂趣之一是教學。現在我很享受帶領跟創造力和轉變有關的研討會和課程。最近，當我回想過去，憶起自己在高中時曾擔任過滑雪教練教導小朋友。教學為我帶來巨大的滿足感。我在過去與現在之間做了連結，了解到我今天體驗到的滿足像是熟悉的老朋友。我在許多年前，無意識地將這種**感覺**種在腦海裡。如今，我探索著這個豐富的願景⋯⋯而它也在探索我。我與這個萌芽的願景發生了關係。

現在有什麼未來願景正在尋找你？難道是那許多年前你懷抱著渴望和想像投入的可能領域嗎？還是一個被喚醒的全新願景呢？

接下來的技巧將揭露這個願景。

多重時間法

步驟 1：想像你想創造的東西。可以是線上企業、一筆錢、新的健康狀態、小嬰兒、暢銷書、油畫、舞碼等豐富創意的表現。

步驟 2：為你的創作選擇一個時間範圍。把生日或假節日（如耶誕節、萬聖節或新年）視覺化，當你的計時器。你要在那個日期前達成成果。

步驟 3：預視自己和親朋好友在那天慶功，認可並享受你的成功。當你這麼做，將經驗定錨在能鮮活激起你感官的事物。例如：

- 想像秋葉或現擠檸檬的氣味。現在想像你成功的氣味。
- 想像剛從烤箱拿出來的巧克力布朗尼或是一匙你最愛冰淇淋的滋味。現在想像你成功的滋味。
- 想像軟綿綿、毛絨絨小貓或是黃金獵犬幼犬睡在你大腿上的感受。現在想像你成功的觸感。

步驟 4：運用你的想像力，回到過去。從過去的時間點，觀看自己建立會導致未來成功的起點。那些事件和機會的邏輯進展是什麼，將在這次創作達於頂點嗎？

步驟 5：再次回到你與所愛的人舉辦的慶功會，感受、了解、享受並分享你的成功。

在時光中穿梭，用你的感官往來在未來和過去之間，這是啟動願景的有效練習。現在我們要將同樣的流動應用在空間上。

多重空間法

準備：下面的例子說明這個技巧可以如何用來解開結構化想像的箝制，並強化創意願景。我每週都在南加州廣播電台主持節目，在這個例子中，我想為即將有特別來賓參與的一集設定結果。我希望當天能成功。

我閉上雙眼，想像自己坐在播音室的麥克風後，對面是我固定的主持夥伴。我想像著整個場景，彷彿張開眼睛後整個場景就在那裡，書桌、混音板和控制室就在我眼前。我想像出即將播出的節目，用我的內在視野看見我的主持夥伴以及來賓熱烈地交換意見。我用片刻的細節視覺化整個場景。重點是我感覺到它，完全投入於對話中，並因能為聽眾帶來兼具娛樂性和知識性的節目，讓他們的人生有所不同而得到啟發。

我的感官動了起來，我「跳」出自己之外，從大約三步遠，稍微高於我身體的地方觀看這一幕。我注意細節，看著自己坐在椅子上，專注在節目上。我可能會來回跳個兩三次，然後才回到我的身體和雙眼後方的視野。

步驟 1：將你想要的創作、事件或經歷視覺化。這可能與你在前一個練習所關注的成果相同，也可選擇完全不同的事物。

步驟 2：發揮想像力，讓自己體驗進入創作中。創作正在發生，而你透

過肉體的雙眼在觀看。

步驟 3：將你的覺察移到後方，退到自己身後兩三步的地方。從這個有利位置來觀看你的創作。

步驟 4：將你的覺察移到上方。往上移個兩到三英呎高，從這個視角來觀看整個場景。

步驟 5：俯衝回去，再次用雙眼後的角度來觀看你的創作。

　　這樣來回兩到三次，更換空間與視角，感覺因為轉換覺知而生的創意力量。

　　下個技巧是我從友人拉薩麗思（Lazaris）那兒學來的。多年來，這個優雅的練習在我身上相當適用。專注的時間正好 33 秒，為神經活動設立窗口，打破阻礙你願景的大腦慣性模式。

三十三秒法

步驟 1：用煮蛋計時器、電腦時鐘、智慧型手機或一般鬧鐘，設定好 33 秒的時間。

步驟 2：決定單一場景，一個你想創造事物的特定快照。

步驟 3：一旦你決定那個場景，按下計時器⋯⋯把自己放進那個場景，盡可能地體驗你所能召喚出的各種感受。在你能引起的最大強度範圍，感受那種歡欣、喜悅、興高采烈、平靜、熱忱和其他跟你的創作有關的高昂情緒。

步驟 4：在維持這個強度 33 秒後，放下它。完全釋放那些願景和感受。深呼吸一次，全都放下。

　　預視你想創造的東西，然後在一段集中時間內召喚相關感受，這兩者的結合對表現**高度**有效。為了達到最大效果，使用這三個技巧，才能有意識地喚醒願景。

出於悲憫的願景

　　有些願景是我們主動希冀去喚醒的，而有些願景的出現則較像是一種啟示。有時我們個人所經歷或在他人身上感到的痛苦喚醒了悲憫。悲憫用種種方式打開我們的雙眼，進而改變我們。

　　我的朋友，Elevate Films 創辦人暨 CEO 米基・威利斯（Mikki Willis）是我認識最有創意的人之一，他是懷抱社會良心任務的創新者。2001 年 911 恐怖攻擊後，米基是紐約市 Ground Zero 的救援暨清理團隊一員。他當時曾連續工作 40 小時，才在一棟廢棄公寓大樓中找到一張沙發椅得以小睡片刻。當他閉上雙眼躺在沙發上，眼前出現一個改變他人生道路的願景。他在一瞬間理解到，這份工作的創傷本質要不可以終結，要

不就成為一個開端。選擇權在他。當他走出那棟公寓大樓，走入仍在進行搜救場地的照明燈光中，他看到每個人及每件事的相互關聯性。「合一」不再僅是一個概念。在這場恐怖毀滅中，他因我們團結一致達到種種可能的美好而提升了。在這個分界點，米基想創造社群的意圖明朗起來。在人類經驗的極端中，我們往往能略過種種紛擾，直達真正重要的事。

　　靈魂有時透過美跟我們說話，有時則經由痛苦。我相信這解釋了何以有那麼多在戰爭前線的年輕男女展露出如此大的創意表現。我稱他們為戰地詩人，因為在極盡艱難的環境，他們寫信給所愛的人及社群，那些信件有如十四行詩般，充滿悲憫、原諒、理解和智慧。在殘暴不仁中，他們觸碰到美麗和真實的事物。

　　當我們與重要的事物接觸，創意表達便從最深的自我流洩而出。

　　什麼是對你最重要的事？你是否經歷過痛苦或折磨的艱難時刻，而它激起了你的關懷和悲憫之心？那個經歷如何催化你下一步的創意行動？

　　探索創意願景的一個有效方式，就是與年輕時的你建立悲憫的連結。

> 「當我們與重要的事物接觸，
> 創意表達便從最深的自我流洩而出。」
> *When we make contact with what matters, creative*
> *expression comes unimpeded from our deepest self.*

探索帶有悲憫的願景——計時書寫練習

準備：準備好鬧鐘或計時器，還有你的日記，設定好 5 分鐘做這個練習。深呼吸，專心，然後放鬆。

步驟 1—記憶：在你的腦海中，回溯到你年輕時最痛苦的事。看看 7 到 15 歲這個階段。你會在當中找到各種可能性。以意識流的方式寫下那段記憶，讓頁面上充滿那段痛苦的回憶。

我寫下我八歲時在夏令營的苦惱。棒球賽對我是個夢魘。我在打擊和防守上都不行。每次輸球，我都覺得是自己讓團隊輸球。整個暑假，我因為恥辱和羞愧沒有停止臉紅過。

給你的回憶一個名稱。它可以很簡單，像是「夏令營故事」。

步驟 2—意義：再看一次你的痛苦故事。你給自己和這個情形或狀況的意義是什麼？

以我為例，「夏令營故事」意謂著我不夠好。從那時起，我在生活中自覺渺小，總是企圖要躲避被他人看見，才能避免進一步的羞辱及痛苦。我執著在這點上好多年。

步驟 3—禮物：在你的痛苦故事中有個簡單的課題或理解將催化你的創造力。最常見的是，你會從對自己苦處的溫柔回憶中，生出關懷他人的獨特表達。

在與年輕時的自我重新連結後，我開始把每次的互動當做一個機會來

問問自己：「我要如何支持他人放大自己？」這個願景是我多年來創意之聲的核心主題。

你的故事的課題又是什麼呢？這個問題的答案是你給自己的禮物。

Chapter 13

增進創造力：
創造的能量，Part 2
Accelerated Creativity:
Energies of Creation, Part II

———◆———

如果你想建一艘船，不要召集人去伐木、分工，然後下命令。
反而應教他們去嚮往浩瀚無邊的大海。

If you want to build a ship, don't drum up the men to gather wood,
divide the work, and give orders. Instead, teach them to yearn
for the vast and endless sea.

聖修伯里 [12]

---

12. 譯註：聖修伯里（Antoine de Saint-Exupéry，1900-1944），法國作家、飛行員。二次大戰時，在一次執行飛行任務時失蹤。
傳世之作有《小王子》等。

陽性與陰性能量，有時稱為陽和陰，是創造力的兩個基礎力量。不要跟雄性和雌性搞混，意志和行動的陽性能量與感受、想像、感覺和存在的陰性能量互動。第三章中，我們檢視了當兩者的連結受到干擾或都被否認時會發生什麼事。行動和存在之間的關鍵平衡迷失在沙文主義中。一不注意，這些能量幾乎總是失去平衡。然而，當你可以達成平衡，就會有顯著的成果……並能改變你所知的現實。

愛因斯坦是在做夢狀態想到相對論的，他本能地在潛意識裡運用陽性和陰性這兩種能量，設想出答案或解決方式。在他那個改變我們對空間和時間理解的夢中，愛因斯坦看見了星夜。他和朋友正乘坐雪橇從陡峭山丘滑下來。在一次特別的下滑中，他注意到他的速度越來越快。他拿著一面鏡子在他前方，看見自己的倒影像一束光般移動，理解到倒影移動得比他還快。也了解雪橇的速度接近光速，他抬頭看到星星的外觀都改變了，折射成他以前從未看過的炫目萬花筒。當他醒來，他的大腦分析起來，開始處理他在睡夢中體驗到的事。

「我知道我必須了解那個夢。」後來他說：「你可以說我的整個科學生涯都是對那個夢的冥想。」

從靈感到行動

愛因斯坦另一個眾所周知的事是他拉小提琴。他會讓自己**行動**的分析大腦休息，只體驗**存在**——存在於自然、元素、音樂中，每個都是截然不同的生活環境。當該是回歸工作的時候，他已充電完畢，回復能量平衡。

而就在這些時刻，愛因斯坦得到靈感。他處於存在的接受狀態，創造力由此而生。那是我們的想像力和感受送給我們的禮物。一旦收下這個禮物，我們就把它交給自己的行動者那面。理論物理學家、烘焙師、老師、作家、藝術家、有能力者等行動者，總是拆開禮物的人。

愛因斯坦在夢中接收靈感這禮物，走到黑板前，開始計算。他從接收狀態進入活動狀態。首先，我們接收靈感，然後根據那個靈感付諸行動。我們寫下第一版草稿、給出指令、打開新的試算表、種下一排種子、送出檔案、站上舞台等。我們透過行動將那份禮物化為形體。我們透夠行動讓這股創意衝動化為形體。

找到平衡

我們創作者每天運用陰性和陽性能量的特定面向，來生產及維繫我們的生活，憑喜好為自己編織的現實。辨認並理解我們如何平衡這些能量，增進我們用自己的方式創造成功的能力。

陰性能量是具有**生產力的**。它孕育顯現、體現、表達……以及所有創造力。另一方面，陽性能量則是**持續的**。它滋養並保存被創造出的事物，支持並延續我們所有創造努力。

還有其他重要例外，以及難解的祕密。例如，愛是兼具生產和持續的能量，也是活躍的**行動力**和**存在力量**。愛創造藝術、意義和世界。

生產的能量

生產的能量是陰性的**存在力量**。令人驚嘆的是，它們創造滋養更多可

能性的環境。試想一個你最愛的創作，你會看到它是由下面其中一種或
更多存在狀態所生成：

意願

信任

價值

喜悅

欣賞

關愛

感激

感謝

期待

愛

凝視這些狀態片刻。雖然你可以描述及表達它們，但它們原本並沒有
行動在其中。當你願意真心去體驗這些能量，你的感受性會增長，你會
成為創造力禮物的受益人。

持續的能量

持續的能量是陽性的**行動**能量。這些能量賦予形式和形狀，是意志和
行動的能量，維持並持續已產生的創意結果。

你可能有過經驗，你創造了一個你想要的東西，但它不是很快崩解就
是漸漸消逝，像是一段關係、一段友誼、一份事業和很棒的點子都是如

此。「我很擅長展現事物，」我們可能會說：「但就是無法保留住它們。」
這是因為持續事物需要的能量與創造事物的非常不同。

以下是主要的持續能量：

意志

紀律

承諾

所有權

親密

滋養

愛

紀律和承諾這兩個持續能量密切相關。紀律包括透過結構、原則和連
貫性來表達承諾的行動步驟。它創造強大的黏結和完整。創作者也知道
完整的另一面為何，它總是以阻礙的形式出現。阻礙帶來許多挑戰，偽
裝成各種樣子挑戰紀律。

所有權是我們個人強項和弱點的深度認可及欣賞，帶來責任和接納。
它總是需要我們告訴自己事實——關於我們的事實。所有權對許多人來
說可能會不太舒服，因為它不否認，也無法否認力量。有些人可能以為
那是自我或虛榮。實則所有權不是那些東西。所有權是力量的主動認
可。

親密也是主動的。為了親近、溫柔、脆弱，為了增加信任感，我們必
須主動做些什麼來符合我們在意的人的需求及喜好，無論我們在意的是

另一個人或我們自己。換句話說，我們透過行動展現我們的關心。

令人驚訝的是，雖然滋養一般認為是陰性特質，它其實是陽性能量，一種主動的培育，是把之前無形的東西照料成有形事物的行動。

活動與可能性——另一個觀點

另一個了解持續能量的方式是，對本書提到的活動（行動）思考一番：

・建立日常作息
・利用儀式
・邀請繆思
・擁抱阻礙
・勇敢面對這個阻礙
・勤做練習和技巧
・透過其中一個行動向自己承諾

這些行動步驟全是為了持續你生產的結果和成功。這是你的創造力之舞。

另一個了解生產的能量的方式是把它們想成**可能性**的存在狀態：

・建立日常作息的可能性
・利用儀式的可能性
・邀請繆思的可能性
・擁抱阻礙的可能性

．可能性本身的可能性

這些都是帶著創造力可能性的存在狀態。是懷有「尚未構思」潛力的存在狀態。

意志和意願的團隊合作

還有另一個方式了解生產的能量和持續的能量間的差異及和諧互動，就是透過意志和意願的協同作用。

生產（陰性）能量有一種意願的特質，與意志相反。它們是主動的，但沒有行動步驟。有了生產的能量，我們不是在計畫、建造、雕琢，就是在製造東西。我們在**體驗**重視、信任、享受、關心、感激或興奮。我們就是存在著。

某種意義上，任何放在「存在」（being）後面的形容詞或名詞都可能成為生產的能量，如：是好奇的、是安靜的，甚至是工作狂，因為我們也擁有製造不愉快經驗的能力。

接著我們來到持續（陽性）能量，這裡有意志來「拆開」我們體驗而得的禮物。有意志去活出我們為自己打造的人生。承諾、紀律、所有權、親密和愛都是讓意志變可能的設定。

像是愛和親密這股生產的能量，透過意志和行動的持續能量來表達，便得到充分發揮。

創造力的子宮

　　存在狀態是創造力的「子宮」，創意靈感根植其中，就像是種在我們體內的種子一樣。如果我們對抗陰性能量，就是沙文主義的災難，我們就阻止了連結我們原初創意衝動和靈感的關係。在我們的世界，陽性和陰性特質經常失去平衡，恢復與創造力的親密就是重新恢復平衡：當需要更多生產的能量，那裡就需要更多持續的能量。

　　生產的能量是包圍的能量。它們包圍並支撐我們的創意潛能。我們存在的特質建立一個環境，決定我們可以創造哪種事物。這個特質為我們用創意去「烘焙」的事物設立了溫度。在 400 度時，我們可以烤蛋糕，但無法製作冰淇淋。在 25 度時，我們可以生產並保存冰淇淋，但抱歉，無法燉肉。

　　當我的存在狀態是那種期待奮力掙扎的狀態，那麼我創造的東西就會出自奮力掙扎。同樣地，在信任與驚奇的狀態下，我透過意志和行動創造的東西，就會感染信任和驚奇的特質。

　　生產的能量總是對重視、欣喜、關心、感激和意願保持開放。持續的能量則總是包含意志、親密、所有權、紀律及愛的應用。本質上，生產的能量打開了創意的子宮，而持續的能量則填滿它。

　　當我們沉浸在生產的能量中，就能孕育出創意潛力。這些陰性能量保住了可能性的界線，而不論我們的性別為何，這些可能性會被我們的行動填滿。就像懷孕的母親愛上尚未出世的孩子，我們也會發現自己愛上我們還未生出的部分。這是創意過程的魔力。

> 「就像懷孕的母親愛上尚未出世的孩子，
> 我們也會發現自己愛上我們還未生出的部分。
> *In the same way that a pregnant mother falls in love*
> *with her unborn child, we can find ourselves in love*
> *with what is yet unborn within us.*

每日練習——想像可能性

　　這是我每天都做的持續練習。它是為創造力充電，並與生產的能量培養關係的儀式。當我起床，當我散步，當我開車時，一整天我想著讓我開心的事：我擁有的朋友、我擁有的愛、我從事的工作。我專注在信任和感激的生產能量上。我允許自己去感覺我的身體，我有多信任妻子，以及我有多感激她出現在我的人生。

　　我車上的收音機壞掉了，我故意不修理。我很感激這段能讓我去感受及想像的時間。我練習想像不同的可能性。我想像自己處在繁榮富足的世界，不會被各種理由和「何不」所阻礙。我看到資源、解決方案、機會、愛、關係和社群都很豐足的世界。

　　我們想像的情節不需要設定在現實中。這樣做會釋放想像力。你可以想像自己在另一顆星球上，如果這能幫助你的伸展能力，就去夢想吧。在那顆星球上，你可能會看到天空、星辰和你之前從未看過的野生動物。你可以自由又有創意地漫遊其間，去感覺、體驗並存在。

培養生產的能量

選擇想像的時間和地點：在早晨你起床前，在你來回通勤的路上，摺衣服時，在住家附近散步時，切菜時，或任何獨處的時候。然後調整到生產的能量上：

- ·你信任什麼和誰？
- ·你珍視什麼和誰？
- ·你享受什麼和誰？
- ·你關心什麼和誰？
- ·你欣賞什麼和誰？
- ·你感激什麼和誰？

當你想著你目前正在處理或準備要開始的創意計畫時，思索下面這些問題：

- ·你對你與計畫的關係的期待是什麼？
- ·你是開放和接納去體驗它嗎？
- ·在意志和行動之外，你願意投入計畫並做出承諾嗎？

寫下你想到的訊息，或用錄音機錄下你的答案，之後還可以回放來聽。

超越邏輯與理性

一如想法和感受總是互有關連，生產和持續的能量也總是習習相關。

如果你執著在一個想法上夠久，你會得到一種感受，反之亦然。生產和持續的能量也是同樣的道理。

　　創意魔法是在生產和持續的能量之間、在想法與感受之間湧出的。

　　持續的能量存在於為人知曉並了解的事物裡。我們很清楚也很了解行動和活動的世界。另一方面，生產的能量卻是超越邏輯和理性的。我們通常以邏輯的方式來討論它們，企圖去解釋我們為什麼覺得開心、信任或充滿感激等等。但當我們這樣做時，我們會把這些經驗硬塞進我們已知的東西裡。我們可能會說：「我很高興，因為 ＿＿＿＿＿＿（因為我花時間與我愛的人共度／因為我升職了／因為我中獎了）。」但要發掘更深入的關係，也就是我們與創造力之間的關係，就要了解那些感受很深的體驗遠比單用邏輯和理性來解釋的經驗更複雜。這些後邏輯經驗是透過意志和行動的持續能量而帶進已知的領域。

　　我們來看看一些創意前輩，了解這個相互作用。畢卡索透過自己超越邏輯和理性的意願，得到一股創意衝動，後來發展成立體派的前衛藝術運動。他發揮想像力得到洞見，知道自己想要溝通，這樣其他人也才能體驗這股衝動。他召喚承諾和紀律的持續能量，將他得到啟發的願景畫在畫布上。他的作品超前了時代，人類還無法理解這種對現實的非線性、解構經驗。那是嶄新的點子。畢卡索找到表達點子的方法，這點子比這個世界的經驗還要深入，卻是用這個世界能夠體驗的方式來進行。

　　再早一些的文藝復興時期藝術家與畢卡索類似，他們構想出一種新方式來表達視角，並用紀律，學習將他們在線性和大氣幾何上的經驗用大家都能體驗的方式轉譯出來。他們向我們展示了由空間中的線條所決定

的「消失點」。

　再回想 1990 年代早期，我們在商業領域和日常生活是怎麼溝通的。還記得傳真機的吵雜回轉聲嗎？在電子郵件發明前，這個世界看起來和聽起來都一個樣。現在的世界則大大不同。

　生產的能量來自超越邏輯和理性的領域，更像夢一般。持續的能量則提供了關注、技術、工藝和紀律，讓我們取得超越邏輯和理性的事物，並在邏輯和理性裡賦予它形式。

　結果就是：兩者合作擴展了邏輯和理性的界線。它們給了我們一張邊界持續擴張的地圖。我們才得以前進。

　我們才得以創作。

Chapter 14

超創造力的守護者：
矛盾和混亂
The Guardians of Ultracreativity:
Paradox and Confusion

———◆———

那是冬季的一個夏日
雨滴如雪般快速落下
穿著雪靴的小男孩站在草地上

It was a summer's day in winter

The rain was snowing fast

A little boy in snowshoes stood sitting on the grass

未發表的詩，〈垂死漁夫之歌〉，我父親艾薩克口述

當你在為公司面臨的財務困難尋找解決方法或是寫小說的第三章時，你是否曾希望自己能開採出創意之泉，泉水源源不斷流出，讓你再也不會因為創意受阻而煩惱？

因為結構化想像的世界對每件事都採取單刀直入的方式，我們有時感覺自己的創意潛力和選擇受限。為了從週一過到週五，我們必須經歷週三。當我們決定改變事物的樣貌（工作、家裡、社群、我們的世界），我們受到的制約是要參照過去以決定下一個合乎邏輯的步驟。然而，在我們的想像和夢裡，我們只靠念頭移動。我們優雅且有效率地移動，不受現實的固定藍圖所阻礙。當你發展你的創造力商數 CQ，就能發掘一個截然不同的範例。你進入超創造力的領域。這裡存在無窮的創造力，也是創新開始之處。這裡是創意蓄水池，你可以隨時去汲取。

為了到達那裡，你需要練習偏離直線。

超創造力——超出直線以外

當我們試著想在邏輯和理性以外可能有什麼時，心思就受到干擾。「**那個**的用處是啥？」它喊著。「如果沒有明顯用途，創意追求的價值何在，如果我不能用它來賺錢，也不能滿足我的需求，那又有什麼價值？」

當我的內心提出這些反對，「我不知道」是我唯一能說出的誠實回應。但我確實知道：在邏輯及理性之外，還有**更多東西**存在。

在理性的邊界，想像力並未停止。控制則會。

在結構化想像，也就是我們從他人那裡得知的故事、信仰和價值所形

塑的事物以外的地方，有個自行想像的想像力次元，那是新點子和創新
誕生之處。

從燈泡到電話再到網際網路，每項發明和藝術作品都不是線性進展的
結果。它們都是想像力和心靈的禮物。

記得愛欲（Eros）嗎？當意志與行動的動態特質與想像、感受和存在
的接受特質結合，我們便召喚一股偉大的創意力量。愛欲散發新的想
法、感受和關係，帶來直覺和天分的吉光片羽。這個行動和存在的融合
創造了充滿可能的領域。

這是超創造力。

光靠自己，我們什麼也做不了。當我們嘗試在真空、孤立無援的情況
下創作，我們花在與阻礙搏鬥的時間比我們進行創新的時間還要多。但
當我們尊重地對待愛欲，超創造力會綻放開來。我們收到靈感的禮物，
進入理解和構思的新次元。

我們要如何迎向這些可能呢？有沒有「訣竅」能鬆開邏輯大腦的掌
控？訣竅就是了解矛盾和混亂——它們是超創造力的守護者。

「行動和存在的融合創造了充滿可能的領域。
這是超創造力。」
This merging of doing and being creates
a field of possibilities. This is ultracreativity.

矛盾的力量

我們一般認為矛盾是展示牴觸本質的事物……而我們往往會讓事物矛盾。故事結束。但是矛盾並不僅只於牴觸。

矛盾是兩個以上不同點子和／或行動的頻率同時抗衡，當中兩者所得到的注意力分庭抗禮。更重要的是，矛盾是一條溝通管道，透過這條管道我們的超創造自我會超越邏輯和理性找到我們。

矛盾的功能——美的例子

俗話說，情人眼裡出西施。我們領略海濱日落、加州優勝美地或純種馬最後衝刺等景象，心想：「噢，天呀，這真美。」

創作採取的形式總是追隨更深入的功能。想像建築師正在蓋你的家。她問：「家裡要住幾個人？你會花多少時間在廚房或娛樂上？你喜歡待在戶外嗎？」這些功能都會決定你住宅的形式：幾間臥房、幾間浴室、餐廳的大小、你家庭院的大小等等。這就是形式追隨功能的例子。

同樣地，在功能的層次上，美本身帶著兼融兩者又超越外觀或形式的特質。它總是大於又不同於部分的總和。

美是一種矛盾。

寫成數學公式，就像這樣：

$$興高采烈＋寧靜／同步體驗＝美$$

當你同步體驗到興高采烈和寧靜的創意力量時，美就浮現了。因此，

美是興高采烈和寧靜這兩種相悖創造力頻率的解答，提升到更高的和諧和複雜秩序。隨著我們創造力商數的發展，我們不只能更輕鬆調和矛盾的種種功能，還可跟它們一起創作。

刻意培養矛盾 —— 從混亂到共同融合

想像一個漏斗。在漏斗頂部和底部之間有條水平線。在水平線上方，我們是無意識的。在水平線下方是有意識的創造力。在漏斗頂端則是創意潛力和現實創意最寬廣的開口和光譜。

當我們下降到線的下方，穿過集合信仰、態度、想法、感受和選擇而形成的結構化想像時，我們無限的可能即減少成為機率。

我們繼續往下直到觸底，也就是最窄的那頭，是我們生產出創作的地方。

再從頂端到底部看一次，注意漏斗的頂端是我們可能性最寬廣的範圍，也就是創意的尼加拉瓜瀑布。底部則是我們確實創造的東西，是從花園澆花水管滴出的一滴。在窄端，想像力和創造力是我們尋求控制的力量。在漏斗之外以及漏斗之上，這些力量與我們一起想像。

當我們越親近也越熟悉矛盾，就越靠近它的神祕，進而從混亂（confusion）進展到有意識的共同融合（co-fusion）。將兩種以上個別的力量放在一起，可拓展創意表達的機率範圍，以及我們創意潛能的可能範圍。當這些力量匯流通過漏斗涓滴向下，也能擴展最窄的部分。

在功能面上，我們發射出我們想創造的頻率。雖然我們知道會有結果，但因為我們放棄控制，便不知道結果會採何種形式。我們盡了自

己的本分，而創意也盡了它的本分。如果我是畫家，在畫布上塗下一抹紅，再在紅色上面塗上一抹黃，結果得到橘色。當我們處理想法、感受和情緒時，就像藝術家在處理他每一次下筆，特別是在混合那些被認為是對比色的顏色，我們便會因自相矛盾的元素混合而感到驚奇，像是寧靜和興高采烈形成了美。

創造力漏斗

創意潛能 ——　CREATIVE POTENTIAL　—— 無意識

信仰
態度
想法　　　—— BELIEFS ATTITUDES THOUGHTS FEELINGS EMOTIONS CHOICES　　有意識的創造力
感受
情緒
選擇

快速追蹤有創意的創新

當你刻意運用矛盾，也就是同時保有兩種以上不同事物時，用最快速的方式來建立那發揮超創造力和創新的全新大腦連結。

我小時候，父親常吟誦一首詩給我聽。

那是冬季的一個夏日

雨滴如雪般快速落下

穿著雪靴的小男孩站在草地上

我百聽不厭。始終記得它，因為它對我很重要。不僅因為我喜歡用這個方式懷念父親，也是我第一次體驗到豐沛的創意發生在不同事物的相互牴觸上。這類迷人、無厘頭的書寫或詩稱為無意義詩或打油詩（amphigouri），是結構化想像的解藥，因為它並沒有溝通了什麼，卻是隱含其間的未知新事物。

創造力需要練習。記憶就是一種練習。我們常常無意識地利用記憶，為了某些神經質理由而重新檢驗過去，就像當我們不想遺忘或原諒。用不健康或自動引導的方式去指引能量和焦點，這稱為習慣。若是基於健康的理由，則稱為練習。無論何者，以意圖來引導注意力是非常強效的工具。

接下來的技巧讓你練習如何刻意打開你的創意瀑布。注意：在你練習時，會聽到內在批評的聲音，那個批評聲音會說：「我不懂。沒有實際應用價值的行動有何用處？」就算面臨這個抗議，大步向前，鋪起新的神經高速公路。把它建起來，創新就會來。

削鉛筆練習

閉上雙眼，慢慢深呼吸幾次。

步驟 1：想像自己是一支剛削好的黃色鉛筆，就像是你在學校讀書削的鉛筆。你站在削得尖尖的筆尖上。

步驟 2：想像自己是旋轉腳尖的花式滑冰選手，慢慢開始在筆尖處旋轉。首先你旋轉 45 度，然後再旋轉 90 度，再來是 180 度。轉呀轉的，不要停歇。

步驟 3：持續轉，轉得越來越快，然後再快一點。

步驟 4：當你持續轉不停，準備好同時加上另一個動作。

你在這支鉛筆的中心，開始想像自己從中心開始跌倒，一開始慢慢的，然後越來越快，一遍又一遍。你同時在旋轉及跌倒。旋轉並跌倒。持續大約 30 秒。

步驟 5：放慢跌倒及旋轉的速度。慢慢回到你的中心，深呼吸。

當你慢慢停下來時，留意可能會出現的任何感覺、感受、願景、顏色、想法和點子。將它們記在你的本子，描述你的體驗。

當你做完這個視覺化練習，再做核磁共振造影（MRI）或是腦波儀（EEG）檢查，會發現你的大腦活動看起來可能像是跨年夜或國慶日的煙火般燦爛。

裝飾音練習

閉上雙眼，深呼吸。

第一個音

步驟 1：想像一個樂音。可以是你熟悉的，從 do、re、mi、fa、sol、la、ti 中選擇，或是你想像中聽到的音。

步驟 2：當你選好這個音，想像它升調。每次升半個音階，一次比一次高。持續升高直到你再也聽不見這個音。就算你聽不見，你知道它在那裡。人類的耳朵最高能聽到 20000 赫茲，最低能聽到 20 赫茲，以及當中的所有音調。聲音在 20000 赫茲後並不會停止，停止的是我們與那個聲音連結的能力。

步驟 3：把第一個音安置好，知道它在那裡，但目前升高到你所能聽到的範圍外。

第二個音

步驟 4：想像跟第一個音不同的第二個音。當你選好，也把這個音不斷升高。在想像這個音越升越高，直到你再也聽不見為止。

和諧的第三個音——你的裝飾音

步驟 5：你現在有了兩個你想像出來的音，都升到你聽不到的程度。這

兩個音是創造力，儘管你聽不到，它們確實存在。兩者一起創造出一個泛音。當兩個音一起發聲，便創造出第三種音，也就是這兩者的泛音。

這個音是你個人的**裝飾音**。

你開始的兩個音，都升高到超越你的感官之外，自己創造出這第三個音。這個裝飾音不需要你去創造它。此外，與前兩個音一樣，雖然你無法實際聽到這個泛音的裝飾音，你知道它就在那。

加到你的願景

步驟 6：你有個願景，想為自己、他人或這世界創造些什麼。想像它。看看它。感受它。

你也可以將這個願景想成一種強大的祈禱形式，因為它大幅地跳過你的結構化想像。

步驟 7：想像你的願景或祈禱與你的裝飾音相疊在一起。允許你的裝飾音升高，飄蕩在宇宙中。

深呼吸，然後專心。

現在置身在這個願景裡，讓我們更進一步。

超視覺練習

找個舒適的地方放鬆、呼吸，靜下心來。

步驟 1：一開始先雙眼張開但放鬆地直盯著前方看。

步驟 2：閉上雙眼，想像你觀看的能力是無邊無際的。運用覺知，抬起雙眼到你的頭頂並直視向前。

步驟 3：稍微向下看，想像你的雙眼向後移動 90 度，直到你能用頭後部直視前方。

步驟 4：想像你的雙眼再往下移 90 度，直視著你的脊椎。

步驟 5：召喚願景，你想為自己、他人或這世界創造些什麼。可以是你已經召喚來的願景或全新願景。也可以是針對生意、藝術、社群、關係的創意計畫，只要你得到啟發想創造和分享的都可。

步驟 6：想像你將這個願景放在眼裡，然後再次直盯著你的脊椎。

步驟 7：就像拉開已上了彈簧的捕鼠器，然後快速放開它，當你眼睛回到正常位置時，感覺那股能量的流動，把你的願景彈到宇宙，進入超創造力的範圍。

　　專心。深呼吸。然後睜開雙眼。

　　下個練習是做有意識的共同融合練習。把兩個不同事物放在一起，這兩件事對你有重大意義。雖然這個技巧一開始可能有點挑戰，請相信這個過程。即使會覺得不舒服，但它會向你展示，你創意力量的主礦脈藏在你的想法和感受之間。這個技巧的正面影響無遠弗屆。

間距練習

讓自己舒服，閉上雙眼。

步驟 1：想像你閉上雙眼後方有個螢幕，螢幕上展現你最愉快的未來；帶著敬意想像你想為自己、他人或世界創造的東西。盡可能去感覺它，感受它，觀看它。它不一定是完美的連結。感受它才是關鍵。

步驟 2：把你最愉快的未來移到雙眼後方的內在螢幕右方。

步驟 3：想像你最糟的害怕、最黑暗的恐懼、最恐怖的念頭。幾個例子：：「我會生病成為負擔。」「我會失去伴侶。」「我會帶著一台購物車住在橋下。」無論是什麼，別害怕看到它並感受它。

步驟 4：將這個影像和體驗移到雙眼後方螢幕的左邊。

步驟 5：在內在螢幕上，右邊現在是你的內心渴望，左邊是你最糟的夢魘。你視覺化它們時不需有鮮明的細節，只要盡可能地感受它們。

步驟 6：想像自己步入這兩個情境中，進入你最愉快未來和你最糟夢魘之間的空間。體驗置身在這兩種潛能之間的感受。當你感到自在，盡可能多花些時間在這裡，可以短到 2 至 3 分鐘。

專心，深呼吸，然後全部放下。

面對你最深的恐懼，這會釋放綑綁在隱藏憂慮之網中的創意能量。你將這股力量發散出去。現在你的專注力和想像力可以著手創造燦爛的未來。當不再隱藏恐懼和憂慮，你也可以從這個練習得到益處。

2008 年爆發全球金融危機時，我們失去全部存款。讓我保持理智的唯一一件事就是這個間距練習。它讓我帶著洞見和創新，有創意地回應那時的挑戰。我找到新方法前進並繼續保持信任。

你擔心等待你的未來，放下吧。在這些潛力之間進行表決是你的意願。就算是五五波，**你的意願本身就是創意的因素**，你想成為創作者的意願，大到足以承受兩種可能。

你剛為自己示範了矛盾的力量。再三做上面的練習可增進你的創意能力。

試試看！

成為矛盾天才——快速啟動練習

練習建議：可用於開車、搭電梯、坐公車、淋浴或隨便哪個環境，只要你有幾分鐘來想像。

· 靜下心來，如果可以的話，閉上眼睛，想像馬嘴套如天鵝絨般的溫暖。

· 同時間，想像指甲刮過黑板。

· 你在每個情境的感受是什麼？是心中伴隨顫抖的豐盈溫暖感？還是有點惱怒的舒適感？無論感受為何，同時記著這兩個經驗。

不時做這個練習，召喚其他的對立情況，然後同時體驗它們。每當你練習，你會建立起新的神經元模式，這模式將找到方法有創意地表達出來。很快地，你會成為運用矛盾新練習的行家。

Chapter 15

不尋常的感官：
重新探索直覺
The Uncommon Senses:
Rediscovering Intuition

———————◆———————

沒有符合邏輯的方法去發現這些元素法則。
只有靠直覺的方式，而它受到表象背後秩序的感受所幫助。

There is no logical way to the discovery of these elemental laws.
There is only the way of intuition, which is helped by a feeling
for the order lying behind the appearance.

愛因斯坦

是什麼指引你做出創意選擇？除了你的價值，你會採用什麼信號來啟動你的創造力，鼓勵你去採取行動？你是否曾說過：「我有一種感覺，我就是要按照它來行動」？或是「我不知道這想法從哪來的，但是我靈光一閃看到我接下來該怎麼做」？在這些時刻，你在回應哪些內在覺知呢？

紐約長老醫院／哥倫比亞大學醫學中心解剖暨細胞生物學部門主任麥克‧葛森（Michael Gerson）博士在他的著作《第二腦》（*The Second Brain*）中寫道，在腹部有超過一億個神經傳導物質，與在大腦發現的數目差不多。此外，幾乎每一種控制大腦的化學物質，包括各種荷爾蒙，也都在腹部辨認出來。這解釋了為何我們在演講、表演或大會議前會緊張得胃痛，或是重要考試前會鬧肚子。透過心智算數研究中心的努力，我們知道心臟也有神經元。

關於人體中巨大的溝通網絡，新的研究持續揭露迷人的數據，指向了我們必不可少的創意能力的神經學基礎：**直覺**。

直覺──超創造力溝通

直覺並不住在頭部。一名教表演的老師很久以前告訴我，整個身體就是一幅潛意識地圖，也是我們偉大的創意盟友。我相信這個說法。在我們的心理能力之外，在結構化想像以外，我們持續與內在及周遭世界溝通。我們與看得見和看不見的事物建立關係，持續在能量和頻率看不見的那層發送和接收訊息。這個強大的溝通形式就是我們運作中的直覺。

但這個直覺到底是什麼？

探索不尋常的感官——直覺的能力

　　大家都體驗過不尋常的感覺。我們稱為直覺。音樂家發現了律動（groove），企業 CEO 則有了預感。我們的創意本能和感受與我們仰賴校準物理現實的常見感官，也就是視覺、嗅覺、味覺、聽覺和觸覺，一起運作。然而，我們也擁有**不尋常的感官**，這些感官則助長了引發我們所有創意選擇的「直覺」。這些不尋常感官則校準了非物理現實，為視覺、嗅覺、味覺、聽覺和觸覺以外的事物賦予意義。許多人都同意在我們單純物理感官所能經驗的事物之外，還存在更多事物。不尋常的感官包括知覺的細微之處：你可能會發現激動人心或異常熟悉的溫暖、行動、存在感、光芒和本質。

溫暖

　　我們已經了解那種與溫度有關的溫暖。春日豔陽天或是營火旁的空氣。但也有情緒的溫暖——朋友和陌生人的溫暖、建立關係情感而心中備感溫暖。身體感知到這股感受，內心燃起的這股溫暖就更是經驗深刻。一股滿滿的活力。

行動

　　行動一般認為與速度和動作有關，其實也跟**流動**有關。創意心流、人的成長流動，甚至是意識流，特別是熱情一經點燃而湧現的流動。在這種意義上，行動指的是那些打動我們心靈的事物的情緒發展。對創作者來說，流動是對事物的**靈魂行動**的感受。它是一條涓涓細流，跟著必然

的進展，邁向更偉大的愛與自由。

> 「流動是一條涓涓細流，跟著必然的進展，
> 邁向更偉大的愛與自由。」
> *Flow is the subtle current tracing the inevitable*
> *Progression toward greater love and freedom.*

存在感

我們往往把存在感這個元素用在名人身上，但其實我們都擁有它。存在感是我們的形象、自愛和自尊的總和。

個人魅力和**聲音**都是所謂存在感的同一種特質。當我們說某人有個人魅力，一般會想到史詩般的英雄人物，但這並未捕捉到個人魅力的真實本質。個人魅力的特質是對我們存在感的獨特影響。創作者會問：「我對你造成的影響是什麼？而你對我的影響又是什麼？」當我們越來越常問這些問題，就變成第二天性。我們變得更能意識到影響的錯綜複雜，而我們所有的關係都受益自這成長中的覺知。最後，它成為第一天性。存在感成了一種實踐。

雖然我們常認為聲音是人說話的獨特聲調特質，但其中有著更細微的頻率。聲音跟個人魅力密切相關，都有用心溝通的特質，這也給了他人獨特的影響。每個人都有代表自己存在感的細微特徵，但我們往往去模

The Book of Doing and Being | 2 2 2

仿他人，直到我們成熟到發現自己的聲音和個人魅力。當我們了解自己
的存在感，也就能更清楚地看到他人。能真正被看到是個禮物，意謂你
創造出自己的存在感，而被看見的人也能感受到。

光芒

　　光是另一個不尋常的感官。光的其中一個面向是許多人和地方散發出
的光芒。想像日落、宏偉的風景，或是孩子或至友的臉龐。當我們學著
去偵測其他人身上和周遭事物的光時，我們也探索了我們內在那道光閃
耀出不同變化。光會反射，映照出美好、真實的事物。從這個意義上來
看，光是一種心靈的光輝，揭露了我們與看不見之間的關聯。藝術大師
的作品描繪聖人頭上會有光圈，身邊則圍繞著光輝，這些都是光芒的範
例。

　　光也指情緒上的**多變**。我們的身、心、靈都帶著多變這種情緒上的特
質，多變是一種包含幽默的存在態度，這種幽默是尋求透過揭示真相得
到彰顯的幽默，而非憤世嫉俗、虛無、犧牲自己或他人的那種幽默。多
變就像光芒，也是一種心靈光輝的特質，提供了一扇與看不見之間的關
聯之窗。它會在我們學習憐憫他人和自己時，自然地出現。

本質

　　最後的不尋常感官是本質。在超越實體範疇的「物質」之外，存在著
一種重要的感官，在情緒上、生理上、心理上和精神上都很重要。創作
者可以主動追求事物的意義以及對我們重要的東西，特別是對我們造成

影響者。舉例來說，在與其他不尋常感官的關係中，本質引導我們問出生活積極向上的問題，像是「我想對他人有什麼影響？我想他們對我有什麼影響？什麼能讓他們的心感到興奮？什麼事點燃熱情並激勵他人的靈魂？」答案就是創意生活的燃料。

召喚不尋常的感官

當你深入了解任一個不尋常的感官，你就在發展直覺。開始分辨不尋常的感官，開始注意它們。實驗。探索。

研究人們和事物散發出的光芒。感知他人成長及其覺知的擴張行動。感受他人的溫暖或他人所欠缺的溫暖。你甚至可以在看電視時這麼做：感覺你正在看的那個節目的溫暖或是它所缺乏的溫暖；感覺它的本質，可能會如何與你覺得重要的事物產生關聯。

接下來的練習是你的起點，讓你擁有辨認出不尋常感官的動力。你越主動去尋找它們，它們就越會現身在你面前。

感受直覺——練習不尋常的感官

找個舒服的地方放鬆，書寫。花 10 到 15 分鐘做這個冥想日記書寫練習。

步驟 1：將你的覺知帶到你愛的人身上。那是你親近的人、你喜歡相伴的人、能啟發你的人。

步驟 2：召喚你一般的感官，看到這個人的臉孔、聽到他們的聲音，並記住觸碰他們的手或是用手環抱他們的感覺。

步驟 3：開始用不尋常的感官來感受你愛的人。不用非要「做對」，允許自己寫下你最先想到的字詞和意象：

溫暖。描述這個人情緒上的溫暖。如何傳達或表達？你怎麼體驗他們的溫暖？

_____

_____

_____

_____

行動。感受在這個人身上發生的靈魂行動。舉例來說，是否有某種形式的創意表達或情緒表達讓流動變得明顯？他們如何表達熱情？

_____

_____

_____

_____

存在。感覺這個人的存在感，他的形象、自愛和自尊的效力。感覺表現他們存在感獨特特徵的個人魅力和聲音。在腦海中想著他們的存在感，描述他們對你的影響。

_____

_____

_____

_____

光線。感受這個人身上散發出的光芒。你如何體驗這道光？那是會將你身上美善真實光明的那部分反射給你的光芒嗎？它們是否因幽默而昇華，表達出情緒上的多變，那種出自悲憫的多變？是否散發出心靈的光輝，提醒你與神聖之間的關聯？

_____

_____

_____

_____

_____

本質。想像這個人再一次出現在你面前，感知他們的本質。對他們來說重要的是什麼，什麼對他們有情緒上、生理上、心理上和精神上的重要性？描述其中一個你體驗他們本質的方式，無論他們做了什麼、創造了什麼，或是表達了什麼存在特質。

　　在這個練習中，你愛的這個人，他身上的特質也提供了一面鏡子。你有看到什麼反射回你身上嗎？你認得出你身上的光芒、溫暖、行動、存在感和本質嗎？

Chapter 16

五種創意天賦
The Five Creative Talents

———◆———

當我們愛這個世界，才算活在這世上。

We live in the world when we love it.

泰戈爾

　　身而為人，我們承繼了創意生活不可或缺的天賦。每當我們把生活看待成藝術作品，就更加強並精進這些天賦。我們也可以把這些天賦當作成功所需的能力。

　　這五種創意天賦是：

- ・生活
- ・愛
- ・離開
- ・學習
- ・歡笑

　　就像其他我們已探索過的創造力，這五種天賦是強大的能量，可提升我們到更高的超創造力境界。當我們擁抱生活和愛的複雜，就與我們的生活變得更親密，我們用想像力、靈感和創新打開了溝通的管道。

生活

　　第一個天賦是生活。真正的生活是什麼？全神貫注、全心投入？承諾全力參與？我從動作片主角身上找到了提示，示範何謂創意生活的天賦。

- ・他們出現，全心投入。
- ・他們引人注目。
- ・他們喜愛冒險。
- ・他們做風險評估。

．他們享受生命——努力工作，吃得好，常常慶祝。

．他們知道身處在這世上的平衡，但又達不到平衡。

．他們不認為自己是受害者。他們是未說故事的原動力。也是改變的媒介。

．他們負起自己在這世上的責任，以此**回應**生命的挑戰。他們不等待他人。不責怪他人。他們不找藉口。**真正的動作英雄不找藉口。**

19 世紀法國作家左拉指出傑出的動作英雄和創作者的信條，說：「如果你問我來這世上做什麼，我這藝術家會回答你：我來這是要活得精采。」

我認為，有創意的生活意謂我主動與外在世界接觸。我允許自己對這個世界產生影響，也允許自己**被**這個世界影響。我允許他人感受我活著的結果，反之亦然。我的感官全都甦醒，充滿活力，完全享受生命提供的種種事物。除了我的五感之外，我探索那些不尋常的感官，包括溫暖、光和本質。我盡可能不去否定我的想法和感受。我是探索者，所有界線都可能被我探究。

創意生活的本質是施與受的能力，這兩者都需要全心參與生活。

回到動作英雄和他們種種的生活方式：我們不會在電影裡接受一個什麼都不提供的英雄，我確信我也不想自己的生命也是如此。

> 「創意生活的本質是施與受的能力。」
> *The essence of creative livings is*
> *the capacity to give and receive.*

愛

愛是終身都要培養的天賦。愛是生產和持續的能量，是我們對自己及他人的承諾。愛也是一種關係，關係著我們人生重要的每個創意過程。

要發展愛的技能意謂……

· 帶著開放的心施與受

· 為自己和他人創造安全感

· 為自己和他人減少恐懼，包括羞辱的恐懼和遺棄的恐懼

· 停止負面的批評

· 給予實質、情感、心理和精神上的感謝與感激

· 在適當的時間地點提供樂趣

· 去尊崇

· 去重視

· 去給予尊嚴

當你思考這些愛的表達，注意它們是如何應用在創意的追求上。你為你的工作、計畫或藝術作品帶來樂趣、價值和慶賀嗎？

以減少批評和降低拒絕、羞辱和失敗的恐懼來鼓勵你的創意過程，這

對你，對他人都好。舉例來說，無論你是在寫商業計畫、書還是交響曲，與自己相愛的一個方式就是留意你的自我對話。你對自己的能力、方法、時機或結果說了些什麼？在每個創意過程和行動中，愛給了我們關注尊嚴的對象。

無論我們有多愛我們的作品或建立的生意，我們都知道它們無法回頭來愛我們。顧問公司不會來愛我們。劇本不會來愛我們。畫作也不會來愛我們。然而我們的創作確實給了我們價值感。它們提供給我們一種與神祕的共同創造力合一與交流的經驗，因此我們改變了。因為改變的幅度這麼大，我們尊崇這些作品。

《美夢成真》（What Dreams May Come）是部講述人死後發生愛情故事的電影，上映前幾週，我們的預告片在全國電視台熱播，吸引了一個名叫亞曼達的少女注意。這個主題對亞曼達來說有特殊意義，她因為生病長住醫院。我和夥伴接到她父親的電話，說亞曼達在電視上看到預告，很想看這部片。她跟父母說，等電影上映時，她就不在了，但她需要看這部電影。她父親也和我們分享說亞曼達很害怕死亡，他們想盡可能幫她找到舒適和安全感。

我們馬上安排在她的醫院病房播放那部片，但有段時間沒聽到回音。

當亞曼達的父親再次致電，說亞曼達和家人及朋友聚在她的病床邊一同觀賞了這部電影。在那之後，亞曼達說她感覺自己沒那麼害怕了，之後沒多久她就過世了。

一部電影、一張明信片、一個舒芙蕾。我們的創作具有影響力，所以，它們的影響能改變我們。

離開

離開的天賦有兩個不同層面的意義。第一層意義與我們準備要超越的東西有關；是一個學習如何放手的機會。第二層意義跟我們遺落的東西有關——我們為了讓自己和他人輕鬆前進而製作的地圖。

因此，誠實看待自己很重要，這樣你可以辨認出那些阻礙你的模式和行為。然後利用紀律這種持續能量來擺脫並放下那些模式和行為。你有需要放下的關係、計畫、工作、生活習慣嗎？透過培養離開的天賦，你可以變得像那些園藝大師一樣，知道在種植新作物前，需要把裁剪的舊枝翻入土下。《傳道書》對於離開的重要性有長久的提醒：「凡事都有定期，天下萬務都有定時。生有時，死有時；栽種有時，拔出所栽種的也有時……」

當你練習「離開」這項創意天賦時，驚喜就出現了。你變得更關心你要往何處去而非你曾經去過哪裡。你讓自己自由，邁開大步前進。甘地是非常優秀的律師，但在生命某個階段，他決定離開他的職業，去追求更多可能性。他啟發了全球各地的人權運動，成為聖雄甘地（Mahatma Gandhi），Mahatma 在梵文是指「偉大的靈魂」。在畢卡索的藝術表現，他決定放下過去已知的技法，轉而追求他還未知的領域。

而我個人的人生，也常常加以清點：我可以放下什麼，才能更有創意、更有生產力地前進？我該放下什麼，才能解放自己，為他人和世界帶來更大的創意資源？

你要留下的地圖

另一種離開與我們留給他人的地圖有關，也就是生活、成長和進化的指南和資源。有時稱為遺產。問問自己：「我畫出什麼地圖讓路更好走？我現在在畫什麼地圖來支持他人更多、活得更好？」

離開的天賦裡有個祕密：宇宙裡沒有被動的觀察者；只有創作者。

參與和貢獻就是一切。

許多年前，我和家人到義大利度假。回家路上我們途經羅馬，那時剛好是世界青年節。整個城市裡充滿了朝聖者、食物、音樂和舞蹈。那是一幅美妙的景色。我注意到每個人都帶著巨大的禮物袋——滿到迸線的「禮物包」。就在我跟妻子說：「不知道那些禮物袋有什麼東西？」時，我聽到我女兒的聲音在一片喧鬧中響起。「嘿，那是**爸爸**吔！」她大叫。她看到了《耶穌傳》電影的封面，那是我在 1970 年代末期步出大學後參與的第一部電影，《紐約時報》曾描述它是有史以來觀賞次數最多的電影。做為當時參與這項工作的年輕電影人，感覺就像上輩子的事。而此時當下，我們在羅馬的街上，梵蒂岡把這部片的各種語言版本發送給數以千計的年輕人。

「宇宙裡沒有被動的觀察者；只有創作者。
參與和貢獻就是一切。」
There are no passive observers in the universe.
There are only creators.Participation and contribution is everything.

學習

學習是另一個我們將終身持續磨練和精進的天賦。這需要我們清查到目前為止學到的東西：

‧我獲得了什麼創造力工具？

‧我學到和發展了什麼創意技能？

‧我在情緒、生理和心理上獲得了哪些洞見和技能？

‧我有什麼能幫助我有創意地處理我與伴侶或夥伴、孩子、朋友、同事、導師、雇主等的關係？

‧我如何準備好去有創意地處理與自己的關係，包括過去和未來的自己？

‧我如何準備好去有創意地處理不確定和神祕？

檢視我們目前為止學到了什麼，就是邁向擁有那些工具和技能的步驟，但並不是宣告我們已完全掌握了這些遊戲規則，像是：「我已學了每一件我需要了解的事，現在我做完了」或是「我知道生命如何運作。我終於全都搞懂了。」

學習這個創意天賦，與謙遜有直接關係。如果謙遜能夠發聲，它會說：「就算我就在下一秒以某種方式了解這個世界，我可以用完全不同的方式了解它。就在下一秒，我的整個世界可以改變。」

我 15 歲時第一次經驗到美國導演史丹利‧庫柏力克的《2001：太空漫遊》。我的整個世界都被顛覆了。我學到在我青少年的想像力之外，還有許多可能性。

謙遜的中心是一種開放心胸和開闊心靈，對於靈感的啟發有取之不盡用之不竭的胃口。

歡笑

第五種創意天賦是歡笑的力量，無論我們經歷了什麼，都用歡笑點亮生命，慶祝生命。「這也會過去的」這種強大的態度需要培養及實踐。要增進這個天賦，可以問問自己下面這些問題：

· 我太認真看待自己，我可以不理睬我的短處嗎？

· 我太認真看待自己的創意，我可以允許自己犯錯嗎？

· 我可以有時為了歸屬、意義、關係而擁有絕望之舞嗎？

· 當我一直被愛，我可以對我一路以來為愛奮鬥的方式持保留態度嗎？

· 最終，我能看到生命的幽默嗎？

歡笑真的是最佳解藥。1980 年代早期，記者卡森斯（Norman Cousins）寫了《笑到病除》（Anatomy of an Illness）一書，在《紐約時報》暢銷排行榜雄踞 40 週。這本書強調歡笑帶來的療癒神經化學，開拓新的天地，鼓勵病人在恢復健康的過程中與醫生合作。卡森斯從疾病到健康這整段歷程的歡笑故事，是現今所知的心理神經免疫學這門研究領域裡的知名案例；這個領域檢驗了我們的思想如何影響大腦，又如何改變免疫系統。當你大笑一場，當你能從嚴肅和擔憂的泥淖中起身，通常會有直接的改變。你呼吸進去的氧氣越多，血液循環就會變快，一般來說血壓

會因此變慢，肌肉開始放鬆。其他層疊效應包括白血球細胞增生以對抗感染、釋放天然疼痛緩解劑腦內啡，以及壓力荷爾蒙皮質醇和腎上腺素減少。

底線：當你開心時，你的整個身體也會很開心。當你感覺在歡樂自動噴發的時刻與自己有所連結時，你也感覺到與其他人有更多連結。我們可以輕易分辨出伴隨幽默、輕鬆，以及連結「創造力的神經化學」的創意靈感激增。

五種創意天賦——一段日記過程

花 30 分鐘做這項練習。找個能激發你靈感的地方，讓繆思能坐在你身邊，像是拿杯咖啡坐在書桌前或是你最愛的公園樹下。

第一部——評價五種創意天賦
生活

我人生的哪個部分受到阻礙，並未完全顯現出來，也害怕冒險？我人生有哪個領域認為自己是受害者而非改變的媒介呢？

_____

_____

_____

_____

_____

　　我人生的哪個部分已經接觸到他人及這個世界？我用什麼方式全心投入生命？

愛

　　我人生的哪個面向我付出的不夠？哪些方式能讓我更開放去接受更多呢？我能夠尊敬誰，允許他們來改變我？我可以尊崇什麼，允許它來改變我呢？

　　我如何為自己及他人創造安全感？我要用什麼方式為自己及他人減少恐懼，增加樂趣？

離開

　　為了成長及進化，我準備好並願意放下什麼？何時是前進的時刻，我準備好要這麼做了嗎？

為了我自己及他人好，我留給這世界的地圖是什麼？

學習

我得到什麼工具、技能及洞見帶給我最大的樂趣和成就感？是否有塵封已久的工具和技能是我可以運用而受益的？

我人生的哪些情況或處境邀請我謙卑以待？而我生命的哪個部分可以對改變及可能性更開放？

歡笑

　此刻我人生的哪些東西是我太嚴肅看待？我因為擔憂、恐懼或批評被困在什麼情況、挑戰或習慣裡？

　我用幽默及覺知來面對自己和人生的哪些方面？

_____

_____

_____

_____

第二部——被五種創意天賦所發掘

此刻我人生的生活天賦想要我了解什麼？它想要我知道關於承諾、參與、能見度、風險或享受的什麼？

_____

_____

_____

_____

_____

_____

愛的天賦現在想要我了解什麼？我如何為別人創造安全感？我可以在情緒、生理或精神上付出些什麼，成為我愛意的表現？

_____

_____

　　離開的天賦最想要我理解或感覺什麼？它是否給了我放下舊有存在方式的力量和信任？它在提醒我充分與這個世界分享我的天賦？

　　學習的天賦想要我了解謙卑什麼，以及願意被改變和對新機會保持開放嗎？

2 4 5

Chapter 16 │ 五種創意天賦

    歡笑的天賦想要我了解什麼？它想要我感受些什麼？它必須告訴我
關於輕鬆、幽默和慶祝的什麼事？

Chapter 17

你的真正作品：
個人創新找到目的
Your Real Work:
Where Personal Innovation
Meets Purpose

———————◆———————

人必得在自身裡保有混沌，才能生出舞蹈之星。

One must still have chaos in oneself to be
able to give birth to a dancing star.

尼采

我們總是在創作，日日夜夜分分秒秒，但許多人似乎沒有太多時間或精力去創新。當我們固守熟悉的結構化想像，創新就無法啟動。如果我們給自己一些創意呼吸空間，創新就會到來——以事業的新銷售和行銷方案、電影和書籍的新故事、讓教室熱絡的新方法、對伴侶或孩子展現愛的新方式等形式出現。可能性無窮無盡。

當行動的動能與存在的感受性結合，根本無法阻止有創意的創新。我們感受到新生命的脈動激起我們的想法和感受。我們感知到未來事物的召喚。

創新就在於起身過河，但眼前不是隨便一條河，而是寬廣到看不見對岸的河流。這需要信任和樂觀，因為你要一邊前進，一邊建造你前方的那座橋。

向前衝刺

當我們看不見前方的路，可以從一個商業創新的例子上找到個人靈感。1970 年代晚期，隸屬南太平洋鐵路公司的鐵軌共有 15000 哩長，該公司決定沿著所有軌道鋪設數位網路電纜。當時，貝爾公司壟斷電信通訊業，所以鋪設電纜一點意義也沒有。貝爾的壟斷似乎看不到盡頭。儘管如此，負責這項計畫的人明白他們擁有這項價值不斐、相續相連的不動產，可串聯起整個國家，所以就採取行動了。然後有一天，政府放鬆整個電信產業的管制，南太平洋鐵路公司比其他人早好幾年就建好全國性光纖網路基礎設施。今日，南太平洋鐵路公司已成歷史，但南太平洋鐵路網路電訊公司，縮寫成 SPRINT，則繼續欣欣向榮。

這個故事說明了一點，就是如果我們建造，它們就會出現。如果我們創新，支持情況就會出現。道路會升起來到我們面前。這是超創造力。

你想建造什麼？你相信那些支持、機會和可能性會在那裡等你嗎？

或許最重要的問題是，在不保證對岸會有什麼的情況下，你願意跨越這條創新之河追求你的夢想嗎？

知道但沒把握——個人創新的關鍵

探索超創造力是一種讓我們敞開的練習。弔詭的是，它讓我們敞開去知道，但知道卻沒把握，知道心要把路帶往哪裡走。美國作家貝里（Wendell Berry）就很了解這點：

也許是當我們不再知道該做什麼
才會遇見我們的真正作品，
當我們不再知道要走哪一條路，
我們才踏上真正的旅程。

未經阻撓的心還沒派上用場。
顛簸溪流才會歌唱。

無論之前發生過什麼，無論你經歷過多少成功和失敗，你可以在當下所在之處創新。個人創新是要超越你過去經驗和記憶的參考點來採取行動，卻不是要你忘記過去的經驗和記憶。兩者之間的關連點就是你會找到真正作品的地方。

信號、線索和清晰

「這個世上有一件事不該被遺忘。」詩人魯米用這個句子敦促我們記住我們的真正作品。相信每個人來到世上都懷抱一個特殊任務及目的，他告訴我們，我們為什麼做我們做的事比我們做了什麼更重要。透過記得我們的無限存在，我們對於「為什麼」變得清晰。當我們覺知到我們渴望去體驗的感受，在把注意力和精力放在哪的選擇上，會變得越來越熟練，就像擁有了「最美好的事」。當我們了解到總是發生在我們身上的**存在**與**行動**之舞，我們的目的和任務也變得更清晰。

無論你的年齡、教育或職業經歷，你會被自己的真正作品所召喚。那個召喚將永不停歇。那是來自靈魂的召喚，無法平息。我知道許多傑出人士從先前的職涯上退下來，而後主動地深深投入他們的真正作品。**他們從未有過放棄的念頭，從未。**

如果你現在並不清楚你的真正作品，尋找生命放在你面前的線索及信號。你的天賦、才華、強項和價值全都指向這件事。你的願望、熱情和夢想也指向這件事。

沒錯，「最美好的事」也指向你的真正作品。要注意那並不是「最OK的事」或是「最被接受的事」。那是最**美好**的事，因為它讓你更有活力。

同樣地，你的真正作品鼓舞了你。它振奮了你，也因此那些**受**你影響的人也被振奮了。

有時，找到你的真正作品要從探索那些**不是**開始。比方，我知道我不是我的工作。我的工作描述就是那些畫布：丈夫、父親、作者、製作

人。我仰賴這些身分，藉以釐清在我創造力頻頻提出的**為什麼**中，何者才是重要的。然而，在我那些層層疊疊的為什麼深處，我知道我在乎。我在意。深處的根源擁有活力。所以我向我與這個世界的關係和愛情做出承諾。那才是我的真正作品。

如果你在尋找你的真正作品，以下問題可幫助你上軌道：

你想表達什麼？

你在意什麼？

你愛什麼？

你想付出什麼？

如果你已經在通往你真正作品的路上，與你的創意之火和熱情聯繫上，重要的是表達它，用勇氣和承諾實踐它。

不久前，我共同帶領一個為加拿大石油公司團隊辦的工作坊。一開始有點棘手，尤其是因為人事部門的主管懷疑關於**創造力**的對話是否有其價值。**創造力跟石油產業有什麼關係？**他提出質疑。為了回應這個信號，我決定做微小但重要的調整，在工作坊一開始帶領大家討論眾人、經歷，以及激發團隊熱情的地方。**我對極限運動、旅行、園藝、投資、彈吉他、我的孫子女、教室、環境等懷抱熱情**，這些都是典型的回答，但當中沒有一個是熱情。它們只是熱情的出口。

在追求那些事物的過程中所經歷及表現的活力：那才是熱情。有許多方式可以探索熱情。

撇開人事主管的疑慮，他熱愛運動，也參與了發掘熱情的練習。在工作坊的第二天，他坦白又脆弱的分享讓我們所有人大吃一驚。他說到前

晚跟妻子分享了工作坊經驗。當他坦白地談到在多年槁木死灰後重燃浪漫之火，他看起來年輕了好幾歲。

這名高階主管點燃了愛欲這股潛藏在所有創造力之下的熱情特質，這種特質強烈到會讓我們忘卻時間的存在。

愛欲喚醒的不只是性，而是**每一件事**。它是一種創意原則，就像我們在討論存在和行動的陰性和陽性原則的章節中所提到的。但是在現代生活，能夠容納愛欲的空間太少了，我們僅能把賦予事物性別特徵做為我們挖掘愛欲巨大力量的最後希望。事實上並不需要如此。每個人都有隨意願點燃熱情之火的能力，將愛欲引導到人生的每個面向，從最世俗到最崇高的地方。這是創意生活與生俱來的權利。

至於那名人事主管，他感動到寫了一封信詢問要怎樣才能與我一起工作，深化他與創造力的連結。在他一開始的抗拒底下藏著對於活力的巨大渴望。在工作坊結束後不到一年，他離開了那家石油公司，現在他帶著熱情追求他的真正作品。他取得了執行教練的證書，為自己的設計建立下成功的實踐。

> 「來自你真正作品的召喚永不停歇。
> 那是來自靈魂的召喚，無法平息。」
> *That call of your real work will never cease.*
> *It is summoning from the soul that cannot be quelled.*

你的創意任務——四步驟過程

閉上雙眼,深呼吸幾次。感覺你與創意自我間的連結,為接下來的步驟做好準備。

步驟 1:你想帶給這個世界什麼?什麼是你的創意任務?你最愛的創意表達形式?讓這個畫面出現。如果你在尋找你的真正作品,只要想像一下你現在**確實**知道,或是要求你未來的自己給你一個預示畫面。

步驟 2:將那個畫面寫成文字。用一個段落描述你的創意任務的細節。你的任務與目的有怎樣的關聯?描述那個點燃你創作、付出並表達自己渴望的熱情。如果你不確定,將這個練習當成一種意識流的工具。允許你的創意想像力帶領你前往你的結構化想像不敢去的地方。

_____

_____

_____

步驟 3：利用第四章（p.65）列出的感覺字彙表，掃描與你的目的和熱情有關的形容詞。選擇五到十個詞彙。例如：**滿足的、狂喜的、興高采烈的、欣喜的、放鬆的、值得的**或你有共鳴的詞彙。如果你有感覺到不在表上的詞彙，那也很好。最重要的是，哪些字彙能讓你感覺振奮。

_____

_____

_____

_____

步驟 4：大聲依照每一種令人振奮特質與頻率的聲音讀出你的創意任務。如果**自信的**是你選出的詞彙，就以自信的聲音讀出你的任務。如果**寧靜的**是你選出的詞彙，就以寧靜的聲音讀出你的任務等等。

最後，花幾分鐘寫下你以每種特質說話的經驗。你有感覺到某些想法、感受或感覺出現嗎？

如果你對於以各種不同聲音大聲讀出你的創意任務感覺並不舒服，你不孤單。但我跟你保證，這個練習值得一試。透過練習，在很短的時間內，你將具備這些特質。它們會成為你創造力鮮明表達的稜鏡。

變得真實

探索你的創意任務和真正作品之路，並非總像在公園散步般愉悅——但那是能帶領你回歸到真實自我的旅程。

只要問問鬥牛士。

有「支柱」（El Pilar）之稱的鬥牛士直視他前方不到四呎的那頭生物的恐懼臉龐，拽著「光明之服」背心，也就是每次他登上競技場時穿的精緻服飾。滴落的汗水刺入他的眼睛，他狠狠地吞了一口口水，想壓下比那頭熾熱氣息每幾秒鐘就會傳到他身上的野獸更逼人的想法。他們倆的呼吸現在同步了，鬥牛士望向公牛深邃卻發光的眼睛，他頓時明白。

一切都結束了。

殺戮不會發生——現在不會，再也不會了。

布勒斯（Álvaro Múnera Builes）是出身南美洲哥倫比亞的知名鬥牛士；他獨具一格的鬥牛和表演方式擄獲了西班牙和整個拉丁世界無數粉絲的心。他達成了許多人欽羨又難望其項背的名聲、財富和奉承。

雖然布勒斯過去曾與牛隻面對面對陣過上千次，這一次，他會掉頭離去。讓大批觀眾震驚且不解的是，他在當下交出了披風，放棄了他搖滾巨星般的地位以及伴隨而來的一切。

他的悲憫已成長到大過他對於榮耀的渴望。

　　故事繼續發展，數週後，當布勒斯結束隱居時，他說到那天他在競技場漫天飛揚的塵土中得到的領悟：「突然間，我看著那頭公牛。牠有著所有動物眼中都有的天真，牠就帶著這種祈求看著我。那彷彿正義的呼喚，深入我心。我說牠就像是祈禱者——因為如果一個人懺悔了，就希望自己能被原諒。」

　　這名鬥牛士的故事迅速成了網路熱門話題，成了新的當代神話。如野火般在社交媒體上傳播，從這樣巨大的人生，這般巨大的舞台離開到底需付出怎樣的代價，這件事引起熱議。

　　唯一的問題是，這個故事不是真的。

　　在網路現象爆發後不久，它被踢爆是場騙局，更準確地說，是經過修飾的版本。事實上，布勒斯並未在鬥牛進行中離場。相反地，在 1984 年 9 月那天，是那頭牛為布勒斯的職涯畫下句點。那頭公牛勾住了他的腳，像丟破爛娃娃般把他拋到競技場的另一端。布勒斯頸椎斷裂，導致半身癱瘓。

　　漸漸地，他開始恢復，開始適應他的新生活。布勒斯經歷了緩慢的轉變。儘管這場災難般的傷害讓他終生需仰賴輪椅，他對於自己造成那些動物疼痛及苦難的悔恨導致了新的行動與存在方式。從有起有落的過去走了出來，這名前鬥牛士改頭換面，成為鼓吹禁止鬥牛的主要倡議人士。

　　雖然得到大眾關注的那個故事版本經過扭曲，在謊言之上，仍存在著扣人心弦的理由。這個經過修飾的故事訴說了每個人都有的真與美。這個故事是對另類英雄的渴望，一個能夠展現勇氣，打破不真實生命的英雄，一個為他人留下啟發地圖，引導他人在未知路途上前行的英雄。

　也就是說，真實的故事比像病毒傳播的版本更為錯綜複雜，更有層次。對布勒斯來說，在改變他一生的重傷後，迎接他的是重新創造自己的挑戰。他能夠這麼做，不是放棄了他的技能、天賦和才華，也不是否認他曾達到的嫻熟境界。他沒有忘卻任何一點。過去種種讓他獨一無二，有資格去追求他的真正作品。

　變得真實或是找出真正作品，這個過程並不總是愉悅的。有時你必須面對痛苦的真相。但如果你的整個人生都在渴求「最美好的事」，而你卻抗拒它，那麼你就為自己創造了更困難的挑戰。這麼做是有好理由的：

　你的創意自我不會被否定。

　好消息是如果你去注意它，那麼它就不一定會那麼困難。「支柱」的故事提醒我們，「最美好的事」永遠蹴手可及。只要你去挖掘它。

　創作者知道要去挖掘它。

> 「你的創意自我不會被否定。」
> *Your creative self will not be denied.*

試試看！

超創造力流浪——當尋找方向和指引時

我最近完成一部電影劇本，女主角必須獨自跨越歐洲長途旅行，而且被一票壞人追逐著。每當她迷路，就用身上帶著的一塊軟皮手帕來製作地圖。她將皮革沾濕，然後放在太陽下曬乾。等皮革乾透，她將它攤平，然後看著上頭縱橫交錯的皺摺和線條——這些全變成她地圖上的地形地貌。

當她尋找指引時，會問地圖：「我現在該走哪條路？」無論地圖顯示哪條路線作為下一步，她都鼓起勇氣帶著信心跟隨。結果出奇地好。

你也可以設計這種直覺地圖，開始自己創造的超創造力流浪。

· 選擇一個心裡掛念的疑問或議題。這個疑問要能讓你的超創造力自我與你的盟友和共同創作者結合。讓你與你的潛意識、繆思或你可能合作的無形朋友和指引結合。

· 找一個提供回饋的工具。在我的故事裡，女主角使用的是她的皮手帕，但你可以利用任何東西。兩個點子：隨機選擇一本書中的一頁，閱讀那一頁的第三段；或者打開一本雜誌，翻到第44頁，指出你看到的第一個圖像或字彙。

接收那個資訊，然後行動：

· 你的任務是從你得到的回饋和線索中找出你問題的答案，然後跟隨那個答案。相信它。帶著勇氣和信心採取行動。

Chapter 18

你的人生就是藝術
Your Life as Art

進入這個忙碌的世界，愛著她。讓你自己對她的生命感到興趣，
並與她的悲歡親切交融。

Go forth into the busy world and love it. Interest yourself in its life,
Mingle kindly with its joys and sorrows.

愛默生 [13]

---

13. 譯註：愛默生（Ralph Waldo Emerson，1803-1882），美國哲學家、文學家、詩人暨思想家。

《伊索寓言》中的狐狸在葡萄園四周鬼鬼祟祟。她可以看見並聞到最多汁的葡萄。裡頭有數以千顆可供大塊朵頤的佳餚。但是有個問題：一堵大石牆阻隔了她和葡萄。她可以克服這道阻礙，她確信。所以，她用力地跳了一下。

她並未成功。

她再試一次。

然後一次一次又一次。

她想要那些葡萄。她可以嘗到那些葡萄。**它們會非常好吃。**

一段時間過去，狐狸灰心地放棄了。但就在她要掉頭走前，她找到與自身缺點和失敗達到妥協的方法。

「反正那些葡萄很酸！」她跟風說道。

就這樣，她走開了。

狐狸決定如果她無法有全然的創意，她會假裝自己對一切無所不知，假裝她是全知的。她決定自己對那些葡萄知道些什麼，好解除她視為失敗的那種負擔。

有些事就在**那裡**發生了。

我們著手去落實願望，去創新夢想或創造能表現我們是誰的事物。如果沒有實現，如果我們「失敗了」，我們可以回到熟悉的態度、信仰、思想和感受中，給我們一些暫時的慰藉。我們**勢必**得創造，所以我們創造了現成的情況或故事來為結果解釋或辯護。

狐狸大可以做出其他選擇。她可以撿石頭來搭個土坡。可以爬上長在牆邊的樹上。她甚至可以找一個截然不同的果園來滿足她的願望。她可

以陷在不知該如何解決的怪異苦惱中。但她太快就選擇去卸下自己的創意衝動。

我們知道，活得有創意不會來自對生活、工作及愛的現況保持忠誠。它也不會滿足於重複過去，或是模仿其他似乎曾解開創意密碼的人，描著他們已經畫出的線條。

為了讓我們與創新和靈感發展關係，我們終將無法再安於只是改進過去的生活。我們想要的，也就是召喚我們的，是超越現況的水平線。創造生命並對它保持開放，無關表列成就和取得資訊。而是與特定的知識特質更有關係。

> 「為了讓我們與創新和靈感發展關係，
> 我們終將無法再安於只是改進過去的生活。」
> *In order for us to have a relationship with innovation and inspiration, there comes a time when we can no longer settle for a life that is simply an improvement over what was.*

勤奮與奉獻 —— 通往精通之路

我青少年時期進入倫敦電影學校就讀，得知倫敦的計程車司機需要取得他們所謂的「知識」。他們開始開計程車之前，會在城裡四處散步，日復一日長達好幾年。他們會在主要道路上做筆記，320 條主要幹道外

加約 25000 條與之交錯的街道。我不敢相信這件事。最後他們會騎著機車行遍這座城市的每一哩路，才能坐到計程車的駕駛座上。總共要花上近三年的努力來取得執照所需的技能和專業知識。他們不只成為那個領域的匠人，更成為那個領域的**藝術家**。

這個傳統，倫敦計程車司機的養成，今日仍在發生。從許多方面來看，這都是創意生活的縮影。首先迎接我們的是辛苦的工作、對細節的關注、練習、阻礙、就算阻礙很強大也要去行動的意願和勇氣；然後才能達到某種程度的精通。

對計程車司機來說，各種盤根錯結的細節交織成找出從 A 點到 B 點最有效率路徑的創造：交通模式、圓環的位置、大眾活動的日程、天氣狀況、道路維修狀況和路上所有景點。這相當神奇。因為已經走過每一哩路，他們不再遲疑。他們可以用最少的氣力在起點到終點間移動。他們不需要仰賴地圖或導航系統。一開始是一堆細節的排列組合，然後突然間出現如煉金般的改變。這些巨量資訊提煉出精華。某種程度上來說，計程車司機將它吞了下去，知識體系便融合了。一個精通協調地點和要去該地人們間特定關係的天才出現了。職業成為探索。

身為創作者，當融合發生時，當你愛的作品、你的創意表達、你貢獻的方式全都成為第二天性，你就精通了。**知識**全被吸收進你的潛意識，現在已經在你的體內。你擁有了它。從那開始，創意解決方案自然就出現。你學到去掌握策略，輕鬆計畫，然後**回應**更多。如佛教徒所說的，對的行為成為直覺。而在某些時候，精通是如此優雅，這麼大的影響卻消耗如此少的能量，一切化於無形。過去用盡全力，現在輕輕鬆鬆。行

動和存在融合成一股創意力量。

在創意和非創意事物之間不再有區別。你從你的身體知道每個行為都是創意行為。你愛的每件事都是創意行動的匯流。

> 「當融合發生時，當你愛的作品、你的創意表達、你貢獻的方式全都成為第二天性，你就精通了。」
>
> *When integration happens-when the work you love,*
> *your creative expression, the way you contribute*
> *all become second nature-you have mastery.*

良性循環

所謂領悟可能就是發現人生就是一個創造行為，而我們移動的這個世界是自己創造力的回饋系統。

這全都成為一種能量的良性循環：我們投入在創意練習中。創意練習增加我們的頻寬，擴大我們去留意、感覺、觀看的能力。投入更多注意力，我們注意到某時某地有些事感覺有點不同了，在某處有了回饋，即便很微小。我們有意識地賦予這個回饋意義，我們的潛意識得到這個訊息：「還要更多這個！」

本質上，良性循環是創作者的自我地圖，我們在其中認出自己被這個生活在其中的世界所創造的樣子，同時，我們也在創造它。

隱喻和意義

詩人練習解碼現實，就像這個世界充滿意義，而她也的確如此。同樣地，創作者不會停在事物的表面，而總是看得更深入，尋找並期待找到事物的意義。走在城市街上，漫步在田野間，撿起石頭，遇見老朋友，遭遇挑戰，我們並沒有與這些分開。我們開始透過詩人之眼看待它們。我們將我們的人生、這個世界，以及每個情況做為創意自我的隱喻來處理。

發生的每件事都是要送去磨坊的穀物，變出並表達出更深的一組意義，整個世界成為迷人的地方，一個傳達更深理解的回饋系統。

這是創造力的巔峰禮物：讓你與所有你身上及身邊的生命更加親密。

「發生的每件事都是要送去磨坊的穀物，
變出並表達出更深的一組意義，整個世界成為迷人的地方。」
When everything that occurs is grist for the mill,
conjuring up and expressing a deeper set of meanings,
the entire world becomes an enchanted place.

關係的技藝

創作與回饋，創造與回饋，在關係的良性循環中周而復始。雖然有時的孤寂和自我反思是必要的，創意生活並不發生於真空中。倫敦的計程

車司機並不僅只獲得知識。為了從他們召喚的精確中提升，為了成為他們領域的藝術家，他們必須仰賴這個城市，好尋得指引、輸入資訊、路徑修正、啟發和友誼。這對所有創作者都是不變的道理。打破制約和自滿需要個人的專注和勤奮，也需要接受。這是行動和存在的恰恰恰舞步。從解決大問題到抓住大機會，我們從未打算要單獨解決。

愛上這支舞

就像所有技能一樣，學習恰恰需要紀律和奉獻。要成為嫻熟的創作者，你必須與這支行動與存在的恰恰恰舞蹈墜入愛河。當意志與行動的能力與想像力、感受和存在結合，你就對可能的事物保持開放。然而你不該當個局外人，你與在你身上流竄的那股能量與生命節奏成為夥伴。

這是魔法發生的時候。

你突然更能去感知、構思你想要過的那種生活，不用他人的驗證和認可。你停止被你的過去所創造，開始有意識地創造你的現在和未來。當你有足夠的工具、練習和儀式去具體表達你的願景，當你已經完全擺脫過去養成的程式和制約時，你的整個人生成為創造行動，你的創作。

你的人生成為藝術。

放下

我還有一個故事要跟你分享。

有個老人在馬戲團的象棚工作。他從事這份工作超過 40 年了，每天晚上他都哭訴自己悲慘的人生。他怨恨地抱怨著。他的背痛。他的腳

痛。他的手僵硬。他的頭髮和衣服沾滿陳舊稻草和象糞的惡臭。他生病了，對於自己跟那些無法回話的野獸說話時僅能聽到自己的聲音厭倦了。

有一天他的妻子受夠了。「你為何不試些新東西？」她說。

他滿是懷疑。他把視線從盤子移到妻子身上，然後說：「什麼？要我離開馬戲這行？」

我們就像這名養象人，有時我們不願放手，無論是工作、身分，還是生活或敘述方式，就算人生滿是困難和抱怨。我們不願放手因為那是我們知道的事。儘管我們很想擺脫從我們結構化想像生出的那些情況，這也是需要代價的。我們對可能會失去東西的恐懼可能大過我們相信創造力可以帶領我們到達的地方。

我深切知道這些恐懼。我也知道這點：創造力是禮物。如果你對創造力保持開放，她會來到你身邊。她會帶你踏上你的人生路程。

要勇敢。

致謝

　我深深感激我專業的編輯們 Debra Evans 和 Leslie Meredith，他們整理我雜亂無章的文字和不完整的思緒，讓我看起來像個文人。你們強化了這本書的每一頁。謝謝你們。

　我很感謝我的出版社 Judith Curr 和 Atria Books 的團隊，謝謝他們給我這個平台。最後，我想對我親愛的朋友和師長表達無窮感激。你們證明了創造力是可以被教導的。

感謝您購買 **啟動你的創意天賦**

為了提供您更多的讀書樂趣，請費心填妥下列資料，直接郵遞（免貼郵票），即可成為奇光的會員，享有定期書訊與優惠禮遇。

姓名：_____ 身分證字號：_____

性別：□女　□男　生日：

學歷：□國中 (含以下)　□高中職　　□大專　　　□研究所以上

職業：□生產\製造　□金融\商業　□傳播\廣告　□軍警\公務員
　　　□教育\文化　□旅遊\運輸　□醫療\保健　□仲介\服務
　　　□學生　　　□自由\家管　□其他

連絡地址：□□□ _____

連絡電話：公（　）_____　宅（　）_____

E-mail：_____

■您從何處得知本書訊息？（可複選）
　　□書店　□書評　□報紙　□廣播　□電視　□雜誌　□共和國書訊
　　□直接郵件　□全球資訊網　□親友介紹　□其他

■您通常以何種方式購書？（可複選）
　　□逛書店　□郵撥　□網路　□信用卡傳真　□其他

■您的閱讀習慣：

文　　學　□華文小說　□西洋文學　□日本文學　□古典　□當代
　　　　　□科幻奇幻　□恐怖靈異　□歷史傳記　□推理　□言情

非文學　□生態環保　□社會科學　□自然科學　□百科　□藝術
　　　　□歷史人文　□生活風格　□民俗宗教　□哲學　□其他

■您對本書的評價（請填代號：1.非常滿意 2.滿意 3.尚可 4.待改進）
　　書名___ 封面設計___ 版面編排___ 印刷___ 內容___ 整體評價___

■您對本書的建議：

電子信箱：lumieres@bookrep.com.tw

傳真：02-86671065

客服專線：0800-221029

Lumières 奇光出版

請沿虛線對折寄回

廣　告　回　函
板橋郵局登記證
板橋廣字第10號

信　　函

231
新北市新店區民權路108-4號8樓
奇光出版　　收